Heinz-Jürgen Bove
Erfolgreich recherchieren – Politik- und Sozialwissenschaften
De Gruyter Studium

Erfolgreich recherchieren

Herausgegeben von
Klaus Gantert

Heinz-Jürgen Bove

Erfolgreich recherchieren – Politik- und Sozialwissenschaften

—

DE GRUYTER
SAUR

ISBN 978-3-11-027099-0
e-ISBN 978-3-11-027109-6
ISSN 2194-3443

Library of Congress Cataloging-in-Publication Data
A CIP catalog record for this book has been applied for at the Library of Congress.

Bibliografische Information der Deutschen Nationalbibliothek
Die Deutsche Nationalbibliothek verzeichnet diese Publikation in der
Deutschen Nationalbibliografie; detaillierte bibliografische Daten
sind im Internet über http://dnb.dnb.de abrufbar.

© 2012 Walter de Gruyter GmbH & Co. KG, Berlin/Boston
Satz: jürgen ullrich typosatz, Nördlingen
Druck und Bindung: Hubert & Co. GmbH & Co. KG, Göttingen
∞ Gedruckt auf säurefreiem Papier
Printed in Germany

www.degruyter.com

*It is a very sad thing that nowadays there is
so little useless information.*
Oscar Wilde
A few maxims for the instruction of the over-educated (1894)

Vorwort

Heutzutage aus der Informationsflut die Spreu vom Weizen trennen zu können, stellt eine wichtige Kompetenz im Prozess des wissenschaftlichen Arbeitens dar. Hier setzt dieses Buch an. Es bietet für die politik- und sozialwissenschaftliche Recherche einen ressourcenbasierten Leitfaden mit den wichtigsten elektronischen Angeboten an.

Während zahlreiche Einführungen in das Studium der Politik- und Sozialwissenschaften, Einführungen in das wissenschaftliche Arbeiten und auch für den Bereich der allgemeinen Internet-Recherche existieren, so mangelt es im deutschsprachigen Raum an einer fachspezifischen, aktuellen Einführung in Buchform für die politik- und sozialwissenschaftliche Informationsrecherche, die bei aller gebotenen Kürze inhaltlich maßgebliche Ressourcen präsentiert. Mit dieser Publikation wird versucht, diese Lücke zu schließen. Sie richtet sich nicht nur an Bachelor- und Master-Studierende, sondern auch an alle weiteren Informationssucher der Politik- und Sozialwissenschaften.

Gedankt sei allen Kolleginnen und Kollegen, die den Entstehungsprozess konstruktiv begleiteten und halfen, Inhalt und Form auf das richtige Gleis zu bringen, insbesondere Doina Oehlmann, Klaus Gantert und vor allem Jochen Haug.

Ein besonderer Dank gebührt meiner lieben Frau Ekin, die mit ihrer Geduld, ihrer Aufmunterung und ihren Anregungen dieses wie auch viele andere Projekte erst ermöglichte. Daher ist dieses Buch ihr und unseren Kindern Sinan und Alina gewidmet.

Heinz-Jürgen Bove   Berlin, März 2012

Inhaltsverzeichnis

Basics
oder was Sie schon immer über das Recherchieren wissen wollten

Die Literatur- oder Informationsrecherche ist ein entscheidender Schritt im Prozess des wissenschaftlichen Arbeitens. Die Verortung Ihrer eigenen Fragestellung im Lichte der wissenschaftlichen Diskussion steht zu Anfang jeder Arbeit. Deren Erfolg basiert auf der Fähigkeit, die relevante Literatur als Abbild des aktuellen Forschungsstandes schnell und sicher zu finden und zu verarbeiten. Heutzutage erscheint uns dabei die Informationsgewinnung durch die Möglichkeiten des Internets leicht von der Hand zu gehen. Sicherlich besteht im Vergleich zu früher das **Problem** nicht im Informationsmangel oder im Informationszugang, sondern vielmehr in der schieren **Informationsfülle** und der für deren Bewältigung notwendigen **Informationskompetenz.** Wie können Sie diese Situation sinnvoll für sich nutzen?

Der Erfolg hängt davon ab, **was** Sie **wie** und **wo** suchen. Dieses Dreigestirn gibt den Aufbau dieses Buches vor: Die Grundlagen zur Ermittlung des Recherchebedarfs und zur Durchführung einer Recherche mit den geeigneten Suchtechniken vermitteln Ihnen das kleine Einmaleins, welches Sie im Anschluss in den vorgestellten Informationsressourcen der Politik- und Sozialwissenschaften direkt zur Anwendung bringen können. Diese lassen sich in drei Gruppen einteilen:
- Bibliothekskataloge,
- Fachdatenbanken,
- Suchmaschinen.

Für ein Referat, eine Hausarbeit oder eine Abschlussarbeit am Ende Ihres Studiums helfen Ihnen die in diesem Kapitel vorgestellten Angebote als Grundlagen weiter. Abhängig von Ihrem fachlichen Schwerpunkt sollten Sie gerade aus dem Bereich der Fachdatenbanken **mindestens zwei Ressourcen** bei Ihrer Suche berücksichtigen. Sie lernen Inhalt und Funktionsweisen der Angebote für Ihre **thematische Suche** kennen, um deren Vor- und Nachteile für Ihre Bedürfnisse einschätzen zu können.

Lassen Sie uns keine Zeit verlieren. Los geht's!

1 Startpunkt und auch Endpunkt Suchmaschine?

Googeln (wir vergessen dabei natürlich nicht Yahoo, Bing und all die anderen) als Synonym für das Suchen im Internet besitzt große Reize, führt leider aber auch oft zu Reizüberflutung in Form von ellenlangen Trefferlisten. Stellen Sie sich Ihr nächstes Referatsthema beispielsweise über *die Türkei und die EU-Erweiterung aus integrationstheoretischer Perspektive* vor. Eine Eingabe aller sinntragenden Hauptbegriffe aus dem Titel des Referates listet Hunderttausende Treffer. Die erste Seite, und weiter schauen die Wenigsten, zeigt Inhalte aus Wikipedia und der Presse, durchaus interessant, aber qualitativ sicherlich zu wenig für Ihren Anspruch oder den Ihrer Dozenten.

Bevor Sie nun viel Zeit vergeuden, die Listen nach Relevantem zu durchforsten und immer wieder Ihre Suche modifizieren, sollten Sie bedenken, dass wissenschaftliches Recherchieren selten dem Zufall folgt, sondern eher durch planvolles Vorgehen gekennzeichnet ist und eine gewisse Strategie erfordert.

Vorteile von Suchmaschinen

Die Vorteile von Suchmaschinen liegen auf der Hand. Sie kommen, ein Internetanschluss vorausgesetzt, zeit- und ortsunabhängig schnell an Informationen und können diese unmittelbar lesen, exportieren und verarbeiten. Dabei greifen Sie auf einen zig Milliarden Begriffe umfassenden Suchmaschinenindex zu, den die Anbieter durch das permanente Einsammeln (*Harvesting*) von Daten im schnelllebigen Internet versuchen aktuell zu halten. Hört sich eigentlich gut an, oder? Lassen Sie uns daher kurz auf die möglichen Probleme in Bezug auf eine wissenschaftliche Recherche eingehen:

Probleme bei Internetrecherchen

- **Große Treffermengen:** Gerade bei allgemeinen Begriffen sind die Trefferlisten nicht zu bewältigen und das Relevanz-Ranking, das Firmengeheimnis der Betreiber, in der Regel nicht zu beeinflussen. Sie sollten daher Mühe in Ihr Suchvokabular investieren und Möglichkeiten zur Spezifizierung Ihrer Suchanfrage in der erweiterten Suche in Betracht ziehen (s. u.).
- **Invisible (academic) Web:** Obwohl Suchmaschinen mehr Daten indexieren, als wir jemals benötigen oder verarbeiten können, ist Ihnen der Zugriff auf eine Vielzahl gerade akademischer Informationen nicht möglich. Das so genannte invisible (academic) Web bzw. deren Datenproduzenten schützen den Content (un-)bewusst durch unterschiedliche Zugangsbarrieren wie Lizenzen, Passwörter, formale Besonderheiten oder nicht indexierbare Nachweissysteme. Gerade für die Suche nach und den Zugriff auf aktuelle Forschungsinformationen ist dies bei ausschließlicher Nutzung von Suchmaschinen sehr misslich.

- **Fehlende Qualitätsprüfung:** Das Harvesting der Daten erfolgt aus allen möglichen Quellen. Darunter können sich nicht nur qualitativ gute Forschungsarbeiten verbergen, sondern auch fehlerhafte oder gar falsche Informationen. Das System der Begutachtung der Publikationen durch Experten als ein Merkmal der Qualitätskontrolle im System Wissenschaften lässt sich im weitaus größeren System des Internets nicht flächendeckend realisieren. Daher liegt es an Ihnen, die Informationen und Quellen kritisch zu prüfen (s. Kap. 14).
- **Fehlende intellektuelle Erschließung:** Im Gegensatz zu Bibliothekskatalogen oder Fachdatenbanken, in denen die Medien in der Regel intellektuell mit Deskriptoren (s. Kap. 3) erschlossen sind, kann dies bei einer automatischen Suchmaschinen-Indexierung einer weitaus größeren Anzahl an Webdokumenten nicht in gleicher Form und Qualität verwirklicht werden. Für Ihre thematische Suche bedeutet dies zweierlei: Sie finden nur Treffer in der Sprache, in der Sie suchen. Und Sie müssen hoffen, dass das Ranking der Suchmaschine so gut ist, dass Ihre Begriffe nicht zusammenhanglos irgendwo auf einer Webseite über Kochrezepte stehen.

Die Datenbestände und das Relevanz-Ranking (= Treffersortierung) der Suchmaschinen unterscheiden sich. Benutzen Sie daher mehrere Suchmaschinen. Suchen Sie auch in nicht-kommerziellen (Meta-)Suchmaschinen wie **MetaCrawler** oder **MetaGer**. Dort können Sie das Ranking situativ beeinflussen.

Tipp

Wie können Sie nun versuchen, die Quantität der Treffer zu reduzieren und die Qualität dieser zu steigern?
- Benutzen Sie unbedingt die **Erweiterte Suche** (nicht nur bei Google):
  So attraktiv das eine Suchfeld auf der Startseite ist, so wenig zielführend ist dessen Gebrauch bei der Ermittlung handhabbarer Treffermengen. Machen Sie sich vor jeder Recherche deutlich, was Sie erwarten und was Sie benötigen.
  Beim Blick in die **Erweiterte Suche** fallen Ihnen sofort sinnvolle Beschränkungsfunktionen auf: „*Seiten suchen, die alle diese Wörter enthalten*" und „*(...) keines der folgenden Wörter enthalten*" sowie „*(...) genau dieses Wort oder diese Wortgruppe enthalten*" erlauben unterschiedliche Kombinationen mehrerer Suchbegriffe (s. *Boolesche Operatoren* in Kap. 3) und die gezielte Suche nach Wortfolgen (s. *Trunkierungen* in Kap. 3). „*Ergebnisse eingrenzen*" beinhaltet beispielsweise Filtermöglichkeiten nach Sprache,

Erweiterte Suche

Dateityp (z. B. nur PDFs), letztes Aktualisierungsdatum der Webseite, Position der Begriffe im Dokument (z. B. nur im Titel) etc.

Erweiterte Suche

Seiten suchen, die...

alle diese Wörter enthalten:	
genau dieses Wort oder diese Wortgruppe enthalten:	
eines dieser Wörter enthalten:	
keines der folgenden Wörter enthalten:	
Zahlen enthalten im Bereich von:	bis

Ergebnisse eingrenzen...

Sprache:	alle Sprachen
Land:	alle Regionen
Letzte Aktualisierung:	ohne Zeitbegrenzung
Website oder Domain:	

Abb. 1: Erweiterte Suche am Beispiel Google (Stand 5. 3. 12)

Tipp:
Verwenden
Sie Such-
operatoren

- Falls Sie die einfache Suche bevorzugen, kann die Verwendung einiger **Suchoperatoren** sinnvoll sein, von denen einige wiederum auch in der erweiterten Suche enthalten sind:
  - **define:** *inclusion*
    führt zu Definitionen zum Begriff *Inclusion* aus verschiedenen Nachschlagewerken; funktioniert nur mit englischen Begriffen.
  - **filetype: ppt** *Regimetheorie*
    listet nur PowerPoint-Präsentationen, die *Regimetheorie* enthalten; die Formateingabe erfolgt ohne Leerzeichen.
  - **info:** http://en.wikipedia.org/wiki/Anarcho-syndicalism
    zeigt als Sammeloperator ältere Versionen der Seite **(cache:)**, verwandte Seiten **(related:)**, Seiten, die zu der Seite verlinken **(link:)** an (Eingabe ohne Leerzeichen zwischen Suchoperator und Beispiel).
  - *devianz* **site:** *uni-konstanz.de*
    beschränkt die Suche nach *Devianz* nur auf den Seitenbereich der *Universität Konstanz* (Eingabe ohne Leerzeichen zwischen Suchoperator und Beispiel).

- **allinurl:** *inferenzstatistik*
  gibt nur Ergebnisse, in denen *Inferenzstatistik* Bestandteil der
  Internetadresse ist.
- **allintitle:** *neo-instititutionalismus*
  zeigt nur Treffer, bei denen im HTML-Titel *Neo-Insti-
  tutionalismus* enthalten ist.
- **allintext:** durchsucht zum Titel- auch den Textbereich, nicht
  jedoch die URL.
- Wenn Sie gerne mit Suchmaschinen umgehen, benutzen Sie für
  die wissenschaftliche Recherche die Schwesterprodukte der
  Google-Websuche: Google Scholar (s. Kap. 4.3) und Google Books
  (s. Kap. 7.1).

Suchmaschinen eignen sich trotz der dargestellten Schwächen durchaus als Startpunkt. Gerade die schnelle Suche nach Fakten, eine erste Themenannäherung oder auch die Suche nach ganz speziellen Informationen führen rasch zu einem Ergebnis. Als **Endpunkt** sind sie indes nur **bedingt geeignet**, sofern Sie den wissenschaftlichen Diskussionsstand Ihres Themas halbwegs vollständig ermitteln wollen. Nur die Recherche im Internet bei den bekannten Suchmaschinen ist eben selten effektiv und nicht immer effizient.

Fazit: Suchmaschinen

2 Was? Verschiedene Publikationsformen, verschiedene Informationsressourcen und viele Wege dahin

Je nach Fragestellung werden Sie auf unterschiedliche Publikationsformen zurückgreifen wollen oder können. Wichtig ist zu wissen, dass die Suche nach unterschiedlichen Publikationsformen in der Regel eine Recherche in unterschiedlichen Informationsressourcen erfordert. Im Wesentlichen können folgende Publikationsformen für eine Recherche in den Politik- und Sozialwissenschaften relevant sein:

Publikationsformen

- **Bücher:** Unterschieden werden **Monographien**, die von einem
  oder auch mehreren Autoren verfasst wurden und **Sammelwerke**
  oder Herausgeberschriften, bei denen mehrere Autoren einzelne,
  namentlich gekennzeichnete Beiträge erstellt haben. Diese Einzelbeiträge sind nicht zwangsläufig auch in den Bibliothekskatalogen such- und auffindbar, sondern bedürfen der Hinzunahme weiterer Informationsressourcen wie etwa Fachdatenbanken (s. Kap. 4.2).

Sie suchen für ein Referat über den Soziologen *John W. Meyer* auch Sekundärliteratur über diesen Autor in Ihrem lokalen Bibliothekskatalog. Neben hoffentlich einigen relevanten Treffern werden Sie im Normalfall allerdings nicht auf den Beitrag von Christian Fröhlich über John W. Meyer im Sammelwerk „Theoretiker der Globalisierung" der Herausgeber Matthias Middell und Ulf Engel stoßen. Versuchen Sie es!

- **Periodika** wie **Jahrbücher** oder **Konferenzberichte** als regelmäßig wiederkehrende Veröffentlichungen sowie wissenschaftliche **Zeitschriften** sind auch in den Politik- und Sozialwissenschaften die **maßgebliche Publikationsform** für neuere und neuste Forschungsergebnisse, die in der Regel vorab eine Qualitätskontrolle im Rahmen eines Begutachtungsprozesses durchliefen. Die Recherche nach ihnen erfolgt am besten in Fachdatenbanken und mit wissenschaftlichen Suchmaschinen. In Abhängigkeit zum Forschungsobjekt können auch **Magazine** und **Zeitungen** relevant sein, für die Online-Archive und spezielle Suchportale existieren (s. Kap. 11).
Universitäre oder außeruniversitäre **Forschungsberichte** finden sich in großer Zahl auf Dokumentenservern der einzelnen Institutionen oder auch auf Webseiten der Fachwissenschaftler. Eine gute Suchmöglichkeit nach Forschungsberichten bzw. nach Publikationen jenseits des Verlagswesens bieten wissenschaftliche Suchmaschinen (s. Kap. 4.3).
- Die Suche nach Gesetzen, Statistiken, amtlichen Publikationen als **Primärquellen** erfolgt in anderen Informationsressourcen als die bei der Literaturrecherche. Für die Recherche nach Gesetzen existieren neben den Webangeboten staatlicher Verfasser, beispielsweise rechtsetzende Institutionen der verschiedenen Gebietskörperschaften, eine Vielzahl (nicht-)kommerzieller Angebote (s. a. *Erfolgreich Recherchieren: Jura* in dieser Reihe). Statistische Ämter bieten umfangreiche Angebote für die Suche nach Zahlenmaterial, die Sie in den anderen Ressourcen so nicht finden werden (s. Kap. 10). Zu amtlichen Publikationen, wie etwa parlamentarische Drucksachen oder Ausarbeitungen internationaler Organisationen gelangen Sie direkt über die Website der Institutionen und über deren eigene Datenbankangebote (s. Kap. 9).
- Um gezielt **sonstige Ressourcen** wie Webseiten, Forschungsdaten oder auch audiovisuelle Materialien zu finden, benutzen Sie wissenschaftliche Suchmaschinen oder spezielle Fachinformationsführer (s. Kap. 6).

Bevor Sie mit der Suche in den Informationsressourcen starten, legen Sie Ihren **Literaturbedarf** fest:

Tipp

- Für einen groben Überblick zu einem **Thema** sind Bibliothekskataloge oftmals ausreichend. Wollen Sie Ihr Thema umfassender erfassen, bedarf es auch der Hinzunahme von Fach- und Spezialdatenbanken.
- Überlegen Sie, aus welchem **Zeitraum** Sie Literatur finden wollen. Die zeitliche Abdeckung der Informationsressourcen variiert stark. Für historisch orientierte Arbeiten benötigen Sie unter Umständen Informationsressourcen in Printform, für tagesaktuelle finden Sie vielleicht nur Informationen in Suchmaschinen. Beachten Sie auch, dass Fachdatenbanken unterschiedlich häufig aktualisiert werden.

Wir werden uns schwerpunktmäßig nun der **thematischen Suche** zuwenden, also der Suche nach Informationen zu einem gewählten Thema, bei der Sie ausgehend von Ihren Suchbegriffen mit den richtigen Techniken die richtigen Informationsressourcen nach Ihnen noch unbekannte Literatur durchsuchen.

3 Wie? Mit Plan, Technik und der Vorarbeit Dritter

Zu Anfang Ihrer Recherche gilt es, Ihr Thema in Suchbegriffe zu fassen und damit Ihr Thema einzufangen. Erfahrungsgemäß ist hier eine gründliche Vorarbeit schon dahingehend zielführend, später qualitativ gute und vor allem auch handhabbare Treffermengen zu erreichen.

Informationsressourcen sind (noch) nicht in der Lage, Ihre Suchbegriffe semantisch adäquat zu interpretieren. Daher obliegt Ihnen hier eine gewisse Bringschuld an die Systeme. Keine Sorge: Einige Ressourcen bieten hierfür Hilfsmittel (Thesaurus, Index, Klassifikation) an. Wir kommen gleich dazu. Auch sind Wörterbücher und Lexika bei der Erstellung von Wortlisten nützlich (s. Kap. 8).

Wortlisten

Ihr nächstes Hausarbeitsthema lautet:
Einwanderung und soziale Mobilität: Ein Vergleich zwischen Frankreich und Deutschland.

Beispiel

Die ersten Suchbegriffe sind offensichtlich:

		Soziale	Deutschland
	Einwanderung	Mobilität	Frankreich

Welche Begriffe könnten noch weiter helfen?

BF	Immigration, Einwanderer	Schichtdurchlässigkeit	Germany France
OB	(internationale) Migration	Mobilität	Westeuropa
UB	(il-)legale Einwanderung	Vertikale/ horizontale Mobilität, Sozialer Aufstieg	
VB	Zuwanderung	Soziale Schichtung, Statuswechsel	

Wortliste; Erklärung: BF = Synonyme/Übersetzungen, OB = Oberbegriff, UB = Unterbegriff, VB = Verwandte Begriffe

Sie sehen hier sowohl enge als auch weite Begriffe, Synonyme, Assoziationen und Übersetzungen, mit denen Sie Ihre Treffermengen je nach Informationsressource variieren, ergänzen oder begrenzen können. Sicherlich existiert weder der eine goldene Weg, noch kann und soll eine Wortliste unerschöpflich sein. Sie dient vielmehr als veränderbares Instrumentarium im Kontext der einzelnen Ressourcen.

Tipp
Bei der Erstellung Ihres **Suchvokabulars** sind folgende Hinweise nützlich:
– Bilden Sie spezifische, aussagekräftige Kernbegriffe.
– Schauen Sie sich das begriffliche Umfeld an.
– Benutzen Sie Wörter im Nominativ Singular.
– Berücksichtigen Sie Sprachvarianten, z. B. Synonyme.
– Übersetzen Sie Ihre Begriffe, da viele der hier vorgestellten Fachdatenbanken mit englischen Begriffen arbeiten.

Nach der Erstellung der Wortliste werden Sie beim Aufruf der jeweiligen Informationsressourcen auf Suchoberflächen gelangen, die sich im Design stark unterscheiden, allerdings auch gemeinsame **Grundfunktionalitäten** besitzen:

Funktionalitäten
Sowohl in der **einfachen** als auch in der **erweiterten Suche** werden die Begriffe in verschiedenen Suchfeldern durchsucht. Dies sind zumeist **formale Felder** wie Autor, Titel, Verlag, Ort, Jahreszahl als auch **inhaltsbezogene Felder** wie Schlagwörter, Notationen/Klassifikationen oder Themen. Der Hauptunterschied zwischen beiden Suchmas-

ken besteht darin, dass Sie in der erweiterten Suche selbst eine Auswahl treffen können, welche Suchfelder konkret durchsucht werden sollen. Sie können mehrere Begriffe in Relation setzen, während in der einfachen Suche zumeist alle in der Datenbank vorkommenden Felder durchsucht werden.

In fast allen Informationsressourcen existiert zudem die Möglichkeit, zwischen den Suchkategorien (Titel-)**Stichwort** und **Schlagwort** (oder Deskriptor, o.ä.) zu unterscheiden.

Das **Stichwort** ist Teil einer **formalen Angabe** eines Werkes (Autor, Titel, Verlag, Verlagsort, Jahr etc.). Bei einer reinen Stichwort-Suche erzielen Sie nur Treffer, in denen der Suchbegriff genau so vorkommt. Flexionsformen bleiben ebenso unberücksichtigt wie Begriffe in anderen Sprachen.
Das **Schlagwort** beschreibt hingegen den **Inhalt** eines Dokumentes und wird in der Regel intellektuell vergeben. Mit einem Schlagwort werden in Titel oder Sprache unterschiedliche Dokumente gefunden. Nutzen Sie diese Vorarbeiten aus und Ihre Trefferqualität wird ansteigen. Da kein einheitliches System beim Umgang mit Schlagwörtern existiert, sollten Sie die diesbezüglichen Hilfetexte in den Bibliothekskatalogen und Fachdatenbanken sowie deren Schlagwort-Thesauri konsultieren. Beachten Sie zudem, dass in Fachdatenbanken (außer in WISO) die Schlagwörter (descriptors oder subject terms) in Englisch auftreten.

Stichwort und Schlagwort – ein feiner Unterschied

Die reine Stichwortsuche ist von **Vorteil**, wenn es keine Schlagwörter in den einzelnen Dokumenten gibt (z. B. bei älterer Literatur), oder die einzelnen Schlagwörter noch nicht bekannt sind.

Stichwortsuche

Der **Nachteil** einer reinen Stichwortsuche besteht in der wortgetreuen Berücksichtigung Ihrer Begriffe. Auch lassen einige Titel in den Sozialwissenschaften keinen direkten Bezug zum Inhalt des Werkes erkennen. So behandelt der Titel „*Much ado about nothing*" von *N.J. Horton* und *K.P. Kleinman* nicht etwa die gleichnamige Komödie von *Shakespeare*, sondern widmet sich der Problematik *Missing Data* in Erhebungen. In einer reinen Stichwortsuche nach *Missing Data* würde dieser Titel nicht gefunden werden.

Um die jeweiligen Nachteile einer reinen Stichwort- oder Schlagwortsuche zu eliminieren, empfiehlt sich daher die Kombination **beider Formen** bei gleichzeitiger Abdeckung verschiedener Schreibvarianten mittels Trunkierung.

Tipp

Wie bereits erwähnt, helfen für die Ermittlung geeigneter Schlagwörter die verschiedenen Thesauri in den Informationsressourcen. Unter einem **Thesaurus** verstehen wir übrigens ein normiertes Vokabular für die Dokumentenerschließung, in dem die Begriffe zueinander in Relation gesetzt sind. Das unten stehende Beispiel zeigt Ihnen, wie das Schlagwort-Vokabular innerhalb eines Thesaurus aufgebaut sein

Thesaurus

kann. Gerade die Hinweise auf über- oder untergeordnete sowie synonyme und verwandte Begriffe mit Definition und Angaben zu deren Gebrauch sind für die Suche äußerst hilfreich, vor allem da Sie die thematische Suche begriffsgenau steuern können, ohne selbst umfangreiche Wortlisten anlegen zu müssen.

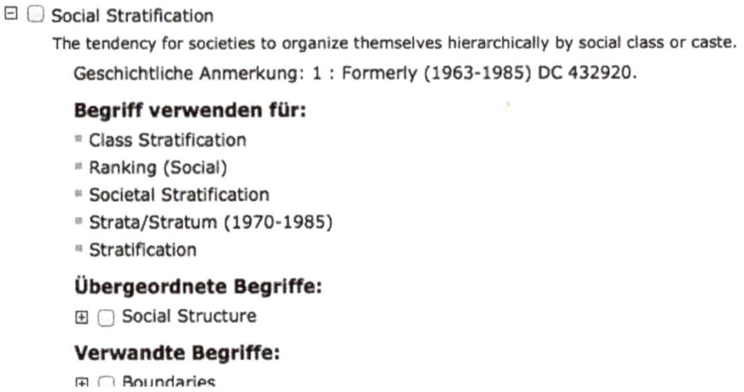

⊟ ☐ Social Stratification
> The tendency for societies to organize themselves hierarchically by social class or caste.
> Geschichtliche Anmerkung: 1 : Formerly (1963-1985) DC 432920.
>
> **Begriff verwenden für:**
> ▪ Class Stratification
> ▪ Ranking (Social)
> ▪ Societal Stratification
> ▪ Strata/Stratum (1970-1985)
> ▪ Stratification
>
> **Übergeordnete Begriffe:**
> ⊞ ☐ Social Structure
>
> **Verwandte Begriffe:**
> ⊞ ☐ Boundaries

Abb. 2: Index Term (Schlagwort) Social Stratification in der Datenbank Sociological Abstracts (Stand: 5. 3. 12)

Feldeinstieg: Suche im Index

Viele Informationsressourcen bieten zur Ermittlung derjenigen Begriffe, die überhaupt in der Datenbank verzeichnet sind, einen **Index (A–Z-Liste)** an. Nachdem wir jetzt wissen, dass gerade bei der Vergabe von Schlagwörtern unterschiedliche Regeln zur Anwendung kommen und nicht jede Ressource den Thesaurus in einer vorbildlichen Art und Weise wie oben zugänglich macht, empfiehlt sich ein Blick in den Index. Auch für die Suche nach Varianten eines Autorennamens, beispielsweise Auflösung von Umlauten bzw. mehrere Autoren gleichen Namens, oder für die gezielte Suche nach der genauen Schreibweise eines Zeitschriftennamens erfüllen Indices wertvolle Dienste.

Falls diese nicht am Rande der einzelnen Suchfelder stehen, schauen Sie in der erweiterten Suche der Bibliothekskataloge in Pull-Down-Menüs nach *Index* oder *Im Index blättern* bzw. in Datenbanken häufig unter dem Menüpunkt *Mehr Ressourcen*.

Grobeinstieg: Suche in Klassifikationen

Zusätzlich zu Schlagwörtern in Thesauri bieten einige Angebote auch einen thematischen Sucheinstieg über eine **Klassifikation**. Der Aufbau dieser Systematiken folgt in der Regel einer **hierarchischen Unterteilung** einzelner Wissenschaftsgebiete. Die einzelnen Haupt- und Unterklassen sind durch ein System von Zahlen und/oder Buchstaben (= Notationen) gekennzeichnet, das beim Auffinden thematisch relevanter Literatur helfen kann. Die Verwendung von Klassifikationen ist nicht ohne Bedeutung, denn bei der alleinigen Suche mit Schlagwörtern in den Fachdatenbanken entstehen schnell Treffermengen von hunderten oder gar tausenden Titeln. Eine weitere thematische Eingrenzung mittels Klassifikationen ist dann sinnvoll und notwendig.

```
└⊟ MR 2000 - MR 2950 Methoden der Sozialforschung
  └☐ MR 2000 Allgemeine Werke und Lehrbücher
  └☐ MR 2100 Statistik für Soziologen
       (auch Lehrbücher)
  └☐ MR 2200 Datenverarbeitung und Kybernetik für Soziologen
  └☐ MR 2300 Experiment
  └☐ MR 2400 Beobachtung, Interview und Umfrage, Feldforschung (auch Meinungsforschung, Marktforschung)
  └☐ MR 2500 Fragebogentechnik
  └☐ MR 2600 Inhaltsanalyse, Aktenanalyse, Diskursanalyse
  └☐ MR 2700 Skalierung
  └☐ MR 2800 Andere Techniken (z.B. Semantisches Differential, Soziometrie, Tests)
  └☐ MR 2900 Soziale Planung (action research, social planning, Rolle der Wissenschaften ...)
  └☐ MR 2950 Methoden der Prognose
```

Abb. 3: RVK-Unterklasse Methoden der Sozialforschung inkl. Unterklassen
(Stand: 5. 3. 12)

Die häufigsten Klassifikationen in deutschsprachigen Bibliothekskatalogen inkl. der hier interessanten Notationen sind:

Klassifikationen in Bibliothekskatalogen

- **Dewey Decimal Classification** (DDC):
    - Sozialwissenschaften (DDC 300, 360, 370),
    - Politikwissenschaften (DDC 320, 350),
    - Statisitik (DDC 310).
- **Regensburger Verbundklassifikation** (RVK):
    - Soziologie (MN-MS),
    - Politologie (MA-ML).
- **Basisklassifikation** (BK):
    - Soziologie: BK 70, BK 71, BK 79 und verteilt auf andere Klassen wie etwa Religionssoziologie unter Religion,
    - Politologie: BK 88 und BK 89.

Halten Sie in Ihrem Katalog einfach mal Ausschau nach einer dieser Klassifikationen, die Sie direkt auf die damit zusammen hängenden Titel führen. Zumeist sind die zugrunde liegenden Klassifikationen in der erweiterten Suche des lokalen Bibliothekskataloges hinter Begriffen wie *Systemstelle, Notation, Klassifikation* oder *Systematik* verborgen.

In Datenbanken kommerzieller Anbieter finden Sie wiederum andere Klassifikationen, z. B. in den Sociological Abstracts oder in WISO. Diese feingliedrigeren Fachklassifikationen werden zumeist mit fachwissenschaftlicher Expertise aktuell gehalten. Gute Angebote erlauben ein thematisches Browsing durch die Klassifikation, in dem Sie sich bis zur passenden Stelle durch klicken können. Wundern Sie sich allerdings nicht, denn je gröber die Klassifikation, desto mehr Treffer werden Sie hinter dem letzten Klick vorfinden. Deshalb ist es in der erweiterten Suche empfehlenswert, die Klassifikation mit Stich- oder Schlagwörtern zu verbinden. Wenn Ihnen dies zu umständlich ist: immer mehr Angebote erlauben die nachträgliche Eingrenzung Ihrer Trefferanzahl auf eine leichte Art und Weise (Facettierung, s. Kap. 4.1.2).

Klassifikationen dienen dem thematischen Browsing und ergänzen die Stich- und Schlagwortsuche.

Recherche-techniken

Nachdem Sie sich jetzt eine Begriffsliste erstellt haben und sich der Vorarbeiten Dritter bedient haben (Schlagwörter, Klassifikationen) noch einige Hinweise zu **Recherchetechniken**. Warum?

Verdeutlichen Sie sich, dass neben inhaltlichen Varianten Ihrer Suchbegriffe auch **sprachliche** oder **grammatikalische Varianten** Ihrer Suchbegriffe bestehen: verschiedene Schreibweisen, Singular- oder Pluralformen oder unterschiedliche Zusammensetzungen. Außerdem wollen Sie sicherlich **mehrere Begriffe** gleichzeitig in Ihrer Suche berücksichtigen. Hier hilft ein Blick auf adäquate Recherchetechniken.

Die folgenden Möglichkeiten existieren in so gut wie allen Informationsressourcen. Vereinzelt werden Sie sehen, dass es Varianten zu den hier vorgestellten Techniken gibt. Daher lohnt ein Blick in die Hilfetexte der einzelnen Angebote! Zusätzlich bieten moderne Suchoberflächen kontextsensitive und menügestützte Alternativen zum Gebrauch der folgenden Techniken (s. Kap. 4.1.2):

Nur bedingt in Such-maschinen

- **Trunkieren**
  Unter Trunkieren versteht man das **Abkürzen** oder Abschneiden von Suchbegriffen durch das Setzen von Platzhaltern. Durch das damit einhergehende Auffinden weiterer Wortformen **erhöht** sich Ihre **Treffermenge.** Gängige Platzhalter-Zeichen sind *, /, ?, $.
  - **Rechtstrunkierung:** Der Suchbegriff wird am Wortende abgeschnitten:
    immigra* findet beispielsweise *Immigration, Immigrationspolitik, Immigrant* etc.

– **Linkstrunkierung:** Der Suchbegriff wird am Anfang abgeschnitten:
*migration findet beispielsweise *Arbeitsmigration, Emigration,
Immigration* etc.

– **Binnentrunkierung:** Das Trunkierungszeichen ersetzt mehrere
Zeichen in der Mitte des Suchbegriffes:
so*ial findet beispielsweise *sozial* und *social*.
Eine Sonderform der Trunkierung ist die **Maskierung,** das Er-
setzen genau eines Zeichen in der Wortmitte. Meistens unter-
scheidet sich das Maskierungszeichen zu den sonstigen Trunkierungszeichen:
ma?er findet beispielsweise *Maier, Mayer, Maler, Mauer,* nicht
jedoch *Maurer, Malcher* oder *Matter*.
Die Rechtstrunkierung funktioniert in fast allen Katalogen
und Datenbanken, die Links- und Binnentrunkierung allerdings
weniger häufig. Auch eine Kombination der Trunkierungsar-
ten in einem Suchbegriff kann möglich sein.

– **Phrasensuche**
Wollen Sie eine **feste Wort-Reihenfolge** mindestens zweier Begriffe berücksichtigen, so setzen Sie diese in Anführungszeichen
(„...“), z. B. *„social stratification"* oder *„deutsche Außenpolitik"*.
Feststehende Begrifflichkeiten mehrerer Wörter wie *rational
choice* oder *sustainable development* werden von guten Angeboten automatisch erkannt, so dass die Anführungszeichen entfallen können.
Die Kombination von Phrasensuche und Trunkierung ist gelegentlich in den Informationsressourcen möglich und sinnvoll. So
findet z. B. *„europe* financ* poli*"* Treffer mit *european financial
policy* oder auch *europe's financial and political strategy*.

*auch in Such-
maschinen*

– **Boolesche Operatoren**
In allen Informationsressourcen können Sie **Begriffe** mit den
Booleschen Operatoren **verknüpfen**. Wie unten stehende Abbildung verdeutlicht, wird die Suche durch das Erweitern, Ein-
schränken oder Ausschließen von Begriffen spezifiziert und
verändert, somit natürlich auch die Treffermenge.

*auch in Such-
maschinen*

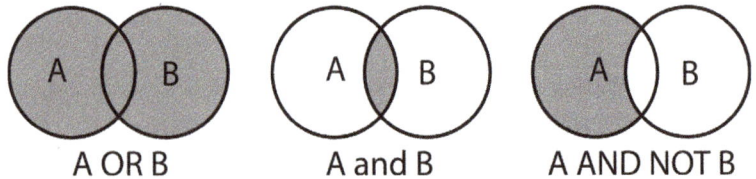

Abb. 4: Boolesche Operatoren (OR, AND, AND NOT)

- **OR** (wahlweise ODER) findet mindestens einen der Suchbegriffe (= **Treffermenge vergrößert sich**).
  Dies ist sinnvoll bei der Suche nach Synonymen oder verwandten Begriffen,
  z. B. *Migration* ODER *Wanderung*.
- Bei Gebrauch von **AND** (wahlweise UND, +, &) werden nur Treffer gefunden, die beide Begriffe beinhalten (= **Treffermenge reduziert sich**),
  z. B. *Parsons* AND *Systemtheorie*.
- **NOT** (wahlweise NICHT, UND NICHT) schließt einen Begriff aus (= **Treffermenge reduziert sich**),
  z. B. *Präsident* NICHT *USA*.

Bei der Verknüpfung mit mehr als zwei Begriffen ist die Syntax entscheidend, um exakte Treffer zu erzielen. Bei der Benutzung von Klammern werden die darin enthaltenen Begriffe zusammen gesucht, z. B. (*migration* OR *wanderung*) UND *europ**. Ansonsten folgt die Suche der Funktionslogik: UND vor ODER vor NICHT.

Sie haben jetzt das Notwendige gelernt, um in den Grundressourcen zu recherchieren. Dieses Rüstzeug hilft Ihnen, um in Ihre thematische Suche einzusteigen. Wir wollen uns ohne viel begriffliche Vorarbeit zuerst den Grundressourcen zuwenden.

4 Wo? Die Grundressourcen – Aller Anfang ist leicht

4.1 Bibliothekskataloge

4.1.1 Der lokale Bibliothekskatalog – Suche vor Ort

OPAC

Der lokale Bibliothekskatalog ist oft das erste Mittel der Wahl für eine erfolgreiche Recherche. Der häufig auch OPAC (Online Public Access Catalog) genannte Katalog verzeichnet die Bestände Ihrer Einrichtung. Die darin gefundenen Medien können Sie bestellen, oder momentan durch andere Personen benutzte Medien vormerken, oder direkt am

Regal auf das Medium zugreifen. Hierzu besitzt jedes Medium eine Signatur und ggf. auch eine Standortbezeichnung (z. B. innerhalb einer Institutsbibliothek). Bei einigen Bibliotheken finden Sie Literatur älteren Datums oder auch spezielle Materialien wie Karten oder Handschriften noch in separaten Katalogen, die eventuell sogar noch in physischer Form als Zettelkatalog angeboten werden. Auf der Startseite des Kataloges finden Sie zumeist eine detaillierte Inhaltsbeschreibung und Kontaktadressen. Bei Unklarheiten helfen Ihnen die Katalogprofis der Bibliothek gerne weiter!

In der Regel finden Sie in den klassischen Katalogen nur selbst-   *Hinweis* ständig erschienene Werke wie Monographien, Zeitschriftentitel, Sammelwerke oder Datenbanken. **Unselbstständige Publikationen**, wie etwa einzelne Aufsätze in Zeitschriften oder Sammelbänden werden in der Regel **nicht** einzeln im Katalog **aufgeführt**. Für die Recherche nach diesen Publikationen benötigen Sie Fachdatenbanken oder fächerübergreifende Informationsressourcen.

Benutzen Sie in Katalogen unbedingt die erweiterte Suche, verbin-   *Tipp* den Sie Ihre Begriffe, denken Sie an Trunkierungen und formalen Beschränkungsmöglichkeiten!

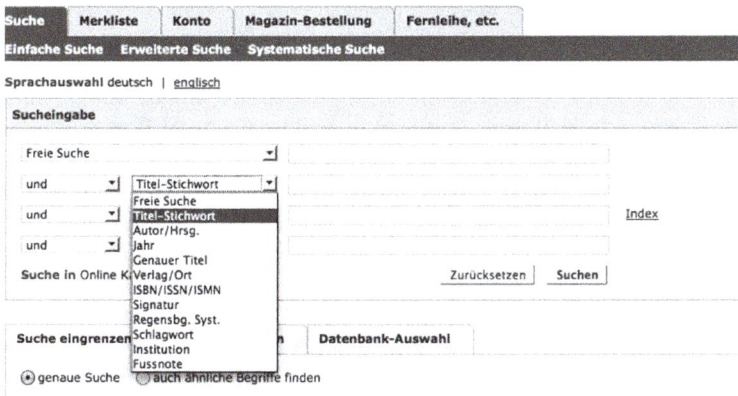

Abb. 5: Erweiterte Suche im OPAC der LMU München (Stand: 5. 3. 12)

4.1.2 Der Katalog in neuem Gewand

Die informationstechnologischen Entwicklungen machen auch vor Bibliotheken nicht halt. Zum Glück für eine erfolgreiche Recherche! Viele Einrichtungen lösen gerade in jüngerer Zeit ihre klassischen Kataloge ab und bieten auf Basis von Suchmaschinentechnologien leistungsfähigere Werkzeuge an, die neuartige Funktionalitäten beinhalten.

Discovery Systeme – ein Portal für alles

Portale   Die nacheinander ablaufende Suche in verschiedenen Ressourcen wie die Suche nach Büchern in Katalogen, oder nach Zeitschriftenartikeln in Datenbanken, ist selten komfortabel.

Daher gehen immer mehr Bibliotheken dazu über, alles aus einer Hand anzubieten. Dafür wird der gesamte Medienbestand bzw. unterschiedliche Kataloge einer Einrichtung, deren Website-Inhalte als auch die Lizenzangebote externer Anbieter wie Aufsatzdaten oder Volltextinhalte in einen gemeinsamen Suchindex gepackt. Die Suche in diesem bedeutend größeren Datenbestand läuft nun unter einer Oberfläche ab.

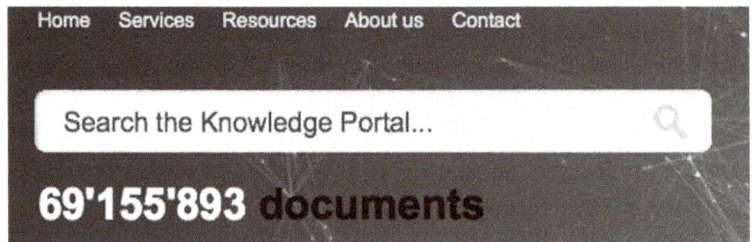

Abb. 6: Suche im Wissensportal der ETH-Bibliothek Zürich (Stand: 5. 3. 12)

Wie bei allgemeinen Suchmaschinen ist auch hier die Gewichtung der Treffer innerhalb der Trefferliste entscheidend. Ist das Relevanz-Ranking weniger gut umgesetzt, stehen vermeintlich schlechtere Treffer oben und das Durchblättern langer Listen wird notwendig. Der große **Vorteil:** Endlich wird die historisch begründete Trennung zwischen selbstständigen und unselbstständigen Werken aufgehoben. Die Suche führt Sie jetzt **zugleich** zu **Aufsätzen** und **Büchern**!

Facettierung – Titellisten gewinnen an Funktionalität

Facettierung   Klassische Kataloge liefern lange Ergebnislisten, die nach unterschiedlichen Kriterien wie Relevanz, Erscheinungsjahr oder Autorennamen sortiert sind. Das Auffinden der thematischen Trüffel kann hierin mühsam sein. Neue Oberflächen zeigen um die Ergebnislisten herum gruppiert, gleichzeitig weitere Facetten auf. Diese Kriterien wie Themengebiete, Schlagwörter, Erscheinungszeiträume, Sprachen und Materialarten liefern Zusatzinformationen und ermöglichen die Eingrenzung der Ergebnismengen auf handhabbarere und relevantere Größen.

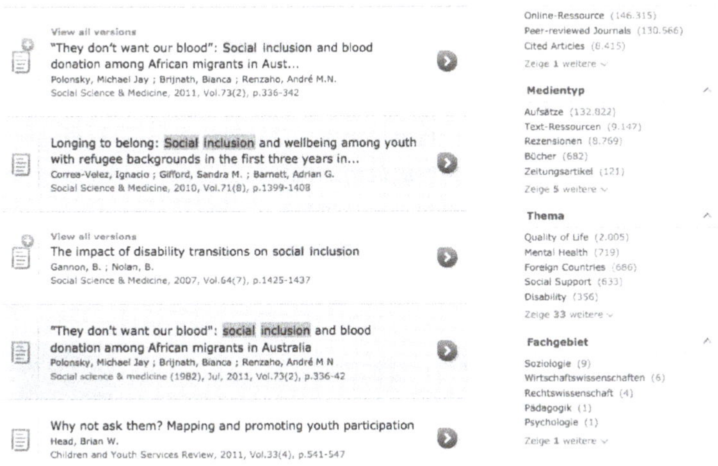

Abb. 7: Facettierungsmöglichkeiten am rechten Rand im Katalog der SLUB Dresden (Stand: 5. 3. 12)

Gerade bei der Indexierung unterschiedlicher Datenquellen, wie dies die oben beschriebenen Portale umsetzen, ist die Facettierung komplex. Denken Sie etwa an die unterschiedlichen Schlagwort-Systeme: In Bibliothekskatalogen sind diese deutsch, in den wichtigen Aufsatzdatenbanken der Politik- und Sozialwissenschaften zumeist englisch.

Catalogue Enrichment – mehr Daten zum einzelnen Titel

Klassische Kataloge bieten selten mehr als Metadaten wie Autor, Titel, Schlagwörter etc. zu einem Medium an. Durch die Anreicherung (*enrichment*) weiterer titelbezogener Daten, oftmals durch externe Dienstleister bereitgestellt, gewinnen neue Kataloge an Informationsgehalt. Den Hauptbestandteil machen hier Cover-Abbildungen, eingescannte Inhaltsverzeichnisse, Klappentexte und Rezensionen aus.

Katalog-anreicherung

Ihr **Vorteil:** Die Gesamtheit der Anreicherungen können in die Suche mit integriert werden oder auch gezielt nur diese durchsucht werden. Die Ausweitung des Suchraumes kann zu weiteren interessanten Treffern führen. Außerdem lässt sich die Relevanz einzelner Titel oftmals besser nach einer Ansicht des Inhaltsverzeichnisses bewerten. Viele Kataloge führen vom Titel auch direkt zu weiteren Informationen externer Anbieter. Halten Sie hierzu bei einem Titel einfach mal Ausschau nach Logos von Wikipedia, Datenbanken oder dem Versandbuchhandel.

Personalisierung – Recommender, Tagging und Benachrichtigungen

Recommender-Funktionen werten das Verhalten anderer Benutzer aus und machen Vorschläge für weitere interessante Treffer. Geschieht dies etwa bei Amazon auf Basis von Kaufentscheidungen („*Kunden, die diesen Artikel gekauft haben, kauften auch ...*"), dient hierzu in Bibliothekskatalogen das Recherche- oder Ausleihverhalten Dritter als Datenbasis.

Dehling, Jochen
Ökonomische Theorien der Politik / Jochen Dehling ; Klaus Schubert. - 1. Aufl.
Wiesbaden : VS-Verl., 2011. - 178 S. : graph. Darst. ; 190 mm x 125 mm; (deutsch)
(Elemente der Politik)
(Lehrbuch)
ISBN: 978-3-531-17113-5
Online-Ausg.: Ökonomische Theorien der Politik
Schlagwörter: Politische Wissenschaft / Ökonomische Theorie der Politik / Lehrbuch
Externe Zusatzinformationen: Inhaltsverzeichnis Inhaltsverzeichnis

KIT-Bibliothek
Standorte:
 ■ KIT-Bibliothek Süd, Lesesaal Geisteswissenschaften (Regal 26/1)
Fachgruppe: pol 0.4
Signatur: 2011 A 1446

BibTip 🔖 Andere Benutzer fanden auch interessant:

 📖 Elementare Grundlagen der Mathematik für Wirtschaftswissenschaftler / Schwarze, Jochen , 2011
 📖 Politik als Beruf / Edinger, Michael [Hrsg.] , 2011
 📖 Kapitalismus, Sozialismus und Demokratie / Schumpeter, Joseph Alois , 2005
 📖 Demokratietheorie und politische Institutionen / Bermbach, Udo , 1991

BibTip 🔖 Andere Benutzer fanden auch interessant (Badische Landesbibliothek):

 📖 Neue politische Ökonomie / Barry, Brian M. , 1975
 📖 Homo oeconomicus / Rolle, Robert , 2005

Abb. 8: Trefferanzeige im OPAC der KIT-Bibliothek Karlsruhe mit Recommender-Funktion (Stand: 5. 3. 12)

Was Sie vielleicht von Web 2.0-Plattformen wie Twitter oder YouTube kennen, ist die Möglichkeit die Inhalte mit so genannten **Tags** zu versehen. Dies entspricht einer freien Vergabe von eigenen Schlagwörtern. Bei der Literaturrecherche werden diese Tags im OPAC mit berücksichtigt. Im günstigen Fall finden Sie weitere Literatur, die nicht durch das starre Vokabular bibliothekarischer Erschließung inhaltlich beschrieben ist. Einzelne Kataloge erlauben zudem die Bewertung oder Rezension von Titeln durch Benutzer. Auch diese Funktionalität ist Ausdruck einer Reaktion auf Entwicklungen im kommerziellen Bereich.

Benachrichtigungen

Die wiederholte Durchführung ein und dergleichen Suche verbunden mit der Hoffnung, neue Literatur zu entdecken, ist mühsam. Deshalb empfiehlt sich der Gebrauch von Benachrichtigungssystemen (Email-Alerts oder RSS-Feeds), die Sie automatisch informieren, sobald im Katalog neue Literatur zu Ihrer Suchanfrage verzeichnet wird. Die Einrichtung ist unkompliziert und auch in kommerziellen Angeboten wie Suchmaschinen oder Fachdatenbanken kostenfrei.

Benachrichtigungen

Das neue Gewand des Kataloges erfährt eine permanente Verschönerung. Aufmerksame Beobachter werden allerlei sinnvolle Helferlein finden können: Exportmöglichkeiten in Literaturverwaltungssysteme (mehr dazu im Kap. 17), mobile Kataloge zugeschnitten auf Smartphones oder Tablets, QR-Codes zur „Mitnahme" der Titeldaten auf diesen mobilen Endgeräten, Begriffsvorschläge oder -korrekturen („*Meinten Sie* ...") oder gar die automatische Eliminierung von Tippfehlern (*fuzzy search*).

Sie sehen: Das neue Gewand des Kataloges weist Parallelen auf, die Sie im Internet etwa vom kommerziellen Versandhandel (z. B. Amazon) her kennen.

4.1.3 Bibliothekskataloge jenseits Ihres Standortes

Wenn es schnell gehen muss, bietet eine Recherche im lokalen Katalog den Vorteil einer schnellen Literaturbeschaffung vor Ort. Leider kann nicht jede Bibliothek die gesamte relevante Literatur eines Faches bereitstellen. Die alleinige Recherche im lokalen Bibliothekskatalog führt daher zwangsläufig zu Ergebnismengen, die inhaltliche Lücken aufweisen. Daher lohnt ein Blick über den Tellerrand hin zu überregionalen Katalogen.

Der **Karlsruher Virtuelle Katalog** (KVK) ist der wichtigste Katalog für eine überregionale **Suche**. Er besitzt den unschätzbaren Vorteil, dass Sie mit ihm **simultan** in den Datenbeständen aller deutschen und sehr vieler ausländischer Verbundkataloge suchen können. Dies sind Zusammenschlüsse vieler lokaler oder regionaler Bibliothekskataloge, sicherlich ist auch Ihre Bibliothek darin enthalten. Nicht nur das, Sie können auch Buchhandelsverzeichnisse, wissenschaftliche Suchmaschinen und elektronische Volltextsammlungen (mehr zu diesen in Kap. 4.3 und Kap. 7) in die Suche integrieren.

Top-Ressource Karlsruher Virtueller Katalog

Der KVK ist ein Meta-Katalog zum Nachweis von mehr als 500 Millionen Medien in Katalogen weltweit. Mehr ...

Freitext				Mein
Titel		Jahr		Katal
Autor		ISBN		⊙ ne
Körperschaft		ISSN		Weite
Schlagwort		Verlag		Optio ...

[Suchen] [Löschen] [Katalogauswahl löschen] ☐ Nur digitale Medien suchen 📶 KVK News

☑ Deutschland	☐ Österreich	⊕ Weltweit	Weltweit	☐ Buchhandel
☑ SWB	☐ Österr. BV	☐ Australische NB	☐ VK Luxemburg	☐ abebooks.de
☑ BVB	☐ Österr. Landesbibl.	☐ Dänische NB	☐ Niederländische NB	☐ Amazon.de
☑ HBZ	☐ Österr. NB NEU	☐ EROMM	☐ Norwegischer VKW	Dt. Bücher
☑ HEBIS		☐ Finnische NB	☐ Polnische NB	☐ Amazon.de
☑ HEBIS-Retro	☐ Schweiz	☐ Finnischer VK	☐ Portugiesischer VK	Engl. Bücher
☑ KOBV	☐ Swissbib	☐ Französische NB	☐ Russische SB	☐ Booklooker.de
☑ GBV	☐ Helveticat NB Bern	☐ Französischer VK	☐ Schwedischer VK	☐ KNV
☑ DNB	☐ IDS Basel/Bern	☐ Britischer VK	☐ Spanische NB	☐ Libri.de
☑ StaBi Berlin	☐ IDS Zürich Univ.	☐ British Library	☐ Spanischer VK	☐ ZVAB
☐ TIB Hannover	☐ NEBIS / ZB Zürich	☐ Israelischer VK	☐ Tschechische NB	
☐ ÖVK	☐ Westschweizer BV	☐ Italien EDIT 16	☐ Ungarische NB	
☐ VD 16	RERO	☐ Italienischer VK	☐ Library of Congress	
☐ VD 17		☐ Italienischer ZS-VK	☐ Nat. Libr. of Medicine	
☐ ZDB	☐ Elektron. Texte	☐ Kanada CISTI Kat.	☐ WorldCat	
	☐ BASE	☐ Kanadischer VK		

Abb. 9: Rechercheoberfläche des KVK mit vielfältiger Katalogauswahl (Stand: 5. 3. 12)

Vorteile des KVK:

– Verfügbarkeitssuche: Sie haben Angaben zu einem Titel und
wollen wissen, wo dieser in Ihrem Verbund, in Deutschland oder
weltweit vorhanden ist, damit Sie ihn gegebenenfalls über die
Fernleihe (s. Kap. 15) bestellen können.

– Simultane Suche: Der abgefragte Datenbestand an Büchern ist
riesig und wird bei Einbezug des Menüpunktes *Elektron. Texte*
auch um eine Aufsatzsuche erweitert.

– Die vorherige Eingrenzung auf *Nur digitale Medien suchen* lässt
den KVK nicht nur in den bibliographischen Angaben (Autor, Titel, Schlagwörter), sondern im elektronischen Volltext suchen. Ein
Prinzip, welches Ihnen bereits von Suchmaschinen geläufig ist.

Nachteile des KVK:

– Als virtueller Katalog eignet sich der KVK nur zur Recherche. Die
Bestellung der einzelnen Medien tätigen Sie wie gewohnt in Ihrem Bibliothekskatalog oder über eine Fernleihbestellung.

– Ein und dasselbe Medium wird verbundübergreifend mehrmals
angezeigt. Es erfolgt keine Dublettenbereinigung. Wer zudem das
ständige Hin- und Herklicken zwischen KVK-Kurztitellisten und
Verbundkatalogen umgehen will, sollte sich auch das **ZACK Gateway** einmal anschauen: ähnliches Funktionsprinzip wie der KVK,

nur sind hier die Titel dublettenbereinigt. Allerdings umfasst das Angebot nur auf der englischen Oberfläche eine begrenzte Auswahl internationaler Kataloge.
– Unterschiedliche Kataloge, gar weltweit verstreut, bieten unterschiedliche Formen von Schlagwörtern an. Diese heterogenen Daten führen bei einer thematischen Suche im KVK nie zur tatsächlich vorhandenen Menge für Sie relevanter Medien. Daher empfiehlt sich auch in den Einzelkatalogen mittels Schlagwörtern zu suchen.

Wenngleich er bei einer Suche im KVK integrierbar ist, noch ein Wort zum weltweit größten **Verbundkatalog**, dem **WorldCat**. In ihm finden Sie 1,5 Milliarden Besitznachweise aus über 10 000 Bibliotheken. Große Datenbestände führen natürlich leicht zu unübersichtlichen Treffermengen. Trotzdem besitzt der WorldCat drei Merkmale, aufgrund derer sich das Recherchieren vielleicht doch lohnt: WorldCat
– Personalisierung: WorldCat erlaubt nach einer kostenfreien Registrierung das Erstellen eigener Listen, Bibliographien und Rezensionen. Außerdem können Sie auch die Listen anderer Benutzer einsehen.
– Unter *Bibliothekssuche* können Sie Ihre bevorzugten Bibliotheken, etwa diejenigen an Ihrem Ort, einbinden. Für eine Beschaffung ein unschätzbarer Vorteil, wenn Sie die Bestände mehrerer Bibliotheken am Ort simultan durchsuchen. So werden allein etwa für die Region München 31 Informationseinrichtungen angezeigt.
– Die Aufsatzsuche führt Sie auch zu weiter entlegenen Treffern, die Sie in anderen Katalogen nicht gefunden hätten. Versuchen Sie es einmal mit der Suche nach „*social mobility*" AND *indonesia*.

Für thematische Recherchen empfehlen sich, wie oben angedeutet, internationale Verbundkataloge nur bedingt. Deshalb nochmals einen Blick auf unsere Regionen.

Nahezu das gesamte deutsche Schrifttum, welches im Verlagsbuchhandel seit 1912 erschienen ist, finden Sie im Katalog der **Deutschen Nationalbibliothek** (DNB). Diese Fundgrube auch entlegener Schätze besitzt nur einen Nachteil: Die DNB ist eine Archiv- und Präsenzbibliothek und nimmt nicht an der Fernleihe teil. Sie müssen also entweder nach Frankfurt am Main oder Leipzig fahren, um deren Bestände benutzen zu können. Deutsche National-bibliothek

Darüber hinaus sind die Kataloge zweier **Sondersammelgebietsbibliotheken** für die Recherche von Bedeutung: Für die Sozialwissen- USB Köln, SUB Hamburg schaften die **USB Köln** und für die Politik- und Verwaltungswissenschaften die **SUB Hamburg**.

Unentbehrlich für Literatursuche und -beschaffung

Warum? Diese zwei Einrichtungen versuchen mit finanzieller Unterstützung der Deutschen Forschungsgemeinschaft, einen Großteil der wissenschaftlichen Fachliteratur, vorwiegend aus dem englischsprachigen Ausland zu erwerben und über die Fernleihe interessierten Personen zugänglich zu machen. Falls Sie also nicht vor Ort fündig werden, schauen Sie auch in deren Katalogen nach.

GVK-Plus

Keine Regel ohne Ausnahme: Lernten Sie bisher, dass Bibliothekskataloge in der Regel keine Aufsätze verzeichnen, sondern nur Bücher und Titel von Zeitschriften und natürlich einiges mehr, so wollen wir noch einen besonderen Katalog mit an Bord holen: den **GVK-PLUS** des Gemeinsamen Bibliotheksverbundes (GBV). Sie erahnen dessen Vorteil? Bücher, Online-Ressourcen und einzelne Artikel befinden sich unter einer Oberfläche, und davon fast 80 Millionen an der Zahl. Neben den Medienbeständen der über 400 am GBV beteiligten Bibliotheken Norddeutschlands werden Aufsatztitel aus über 32000 Zeitschriften tagesaktuell verzeichnet. Sie stöbern somit in über 370000 Aufsatzdaten der Sozialwissenschaften und in über 940000 der Politikwissenschaften aus dem Zeitraum 1993 bis heute.

Beispiel

Testen Sie den Vorteil und suchen Sie erst in Ihrem lokalen Katalog und dann im GVK-PLUS nach der Literatur zur Anwendung der *Prinzipal-Agenten-Theorie in Bezug auf die Europäische Union*. Denken Sie an die Verwendung von Trunkierungen und Phrasen! Sie werden über die Ergebnisse überrascht sein. Diesen Treffer hätten Sie vermutlich in Ihrem klassischen Bibliothekskatalog nicht gefunden:

PPN:	1877210560
Aufsatztitel:	The European presence in global financial governance: a principal-agent perspective
Sonst. Personen:	Mügge, Daniel
In:	Journal of European public policy. - Abingdon, Oxfordshire : Routledge, ISSN 1350-1763, ZDB-ID 12197725, Bd. 18.2011, 9, S. 383-402
Zeitschrift:	Journal of European public policy. - Abingdon, Oxfordshire : Routledge, 1994-

Abb. 10: Aufsatztitel im GVK-PLUS (Stand: 5. 3. 12)

Dieser immense Datenbestand lässt Ihre Treffermenge stark anwachsen. Nur, wo sind im Vergleich zu Ergebnissen im Bibliothekskatalog die so wichtigen, den Inhalt beschreibenden Schlagwörter geblieben? Sind sie bei Büchern im GVK-PLUS fast immer vorhanden, so fehlen sie bei den Aufsätzen so gut wie immer. Artikel können daher nur gefunden werden, wenn Ihre Suchbegriffe zugleich in den Titelstichwörtern vorkommen. Die Benutzung des GVK-PLUS erfolgt in der Regel über Ihr Bibliotheks- oder Campus-Netz, für Benutzer einer

GBV-Bibliothek ist der Zugriff standardmäßig nach einer Autorisierung frei.

Auswahl weiterer Einzel-Kataloge für die Politik- und Sozialwissenschaften: Gerade Bibliotheken mit spezieller Fokussierung können für eine Recherche sinnvoll sein:

Bibliothek des Wissenschaftszentrum Berlin für Sozialforschung: größte sozialwissenschaftliche Forschungseinrichtung in Deutschland,

Bibliothek des Deutschen Bundestages: inklusive guter Erschließung von Zeitschriftenaufsätzen; Benutzung ist an „berechtigtes Interesse" geknüpft und ist von Antragsgewährung abhängig,

Bibliothek der Friedrich-Ebert-Stiftung: geeignet für Suche nach Literatur zu Gewerkschaften, Arbeiterbewegungen, Parteien (-geschichte),

British Library of Political & Economic Science: eine der größten Forschungsbibliotheken der Sozialwissenschaften weltweit.

Fachliche Bibliothekskataloge

Zu guter Letzt noch **zwei Verbundkataloge**, die Ihnen die Verfügbarkeitsrecherche nach Zeitschriftentiteln erleichtern.

Die **Zeitschriftendatenbank** (ZDB) als kooperativer Verbundkatalog deutscher und österreichischer Informationseinrichtungen führt mehr als 1,5 Millionen. Zeitschriften, Serien und Zeitungen in allen Sprachen vom Jahr 1500 bis heute. Für eine thematische Recherche ist die ZDB nicht geeignet, da in ihr **keine Aufsatztitel** verzeichnet sind. Dafür bekommen Sie einen Überblick über vorhandene Titel Ihres Faches und über Zeitschriften der oben genannten Sondersammelgebietsbibliotheken. Über die Kategorie *Sondersammelgebiet* werden für die Sozialwissenschaften über 1330 Zeitschriften und für den Bereich Politik und Friedensforschung etwa 1260 Zeitschriften gelistet. Die nach Fachgebieten mit der Dewey Dezimalklassifikation sortierte Kategorie *Online Zeitschriften* führt zu thematischen Ausschnitten der Sozialwissenschaften, Soziologie und Anthropologie, Statistik, Politik, Öffentliche Verwaltung sowie Soziale Probleme, Sozialdienste, Versicherungen. Die ZDB zeigt zu den Titeln mehr als 10,3 Millionen. Besitznachweise von ca. 4300 deutschen Bibliotheken auf. Vor allem können Sie, in Ergänzung und zumeist übersichtlicher als in Ihrem lokalen Bibliothekskatalog, in der ZDB schnell erkennen, welche Bibliotheken einzelne Jahrgänge eines Titels vorhalten. Geben Sie hierzu in der Trefferliste die vierstellige Jahreszahl ein. Die Sortierung der Besitznachweise erscheint etwas ungewöhnlich: Sie erfolgt alphabetisch nach Bundesländern.

Zeitschriftendatenbank

Um den Vorteil elektronischer Zeitschriften, den Volltextzugriff, voll auszuschöpfen, empfiehlt sich die **Elektronische Zeitschriftenbibliothek** (EZB). Dieser Verbundkatalog von mehr als 560 Bibliotheken weltweit weist für die Soziologie über 2600 und für die Politologie fast

Elektronische Zeitschriftenbibliothek

3400 elektronische Zeitschriften nach. Die Fokussierung auf rein wissenschaftliche Publikationen erklärt den Unterschied zur Trefferanzahl der ZDB. Neben der Suche nach Titelworten kann für eine Suche nach Zeitschriften zu Ihrem Thema die Suche über *Schlagworte* in der *Erweiterten Suche* weiterhelfen (z. B. *Sozialismus*).

Hinweise zu den Zugriffsmöglichkeiten auf den Volltext liefert ein eingängiges Farbschema:

Ampelsystem
- **Grün:** Die Zeitschrift ist frei zugänglich.
- **Gelb:** Die Zeitschrift ist kostenpflichtig. Ihre Bibliothek hat die Zeitschrift lizenziert, so dass Ihnen der kostenfreie Zugriff möglich ist.
- **Rot:** Ihre Bibliothek bietet keinen Zugriff auf die lizenzpflichtige Zeitschrift an.

Diese notwendigen Zugangsinformationen erhalten Sie durch Auswahl Ihrer Bibliothek in den EZB-Einstellungen. Befinden Sie sich im Campus-Netz, an einem Bibliotheksrechner oder auf der Bibliothekswebsite, erscheint in der Regel die institutionelle Ansicht automatisch.

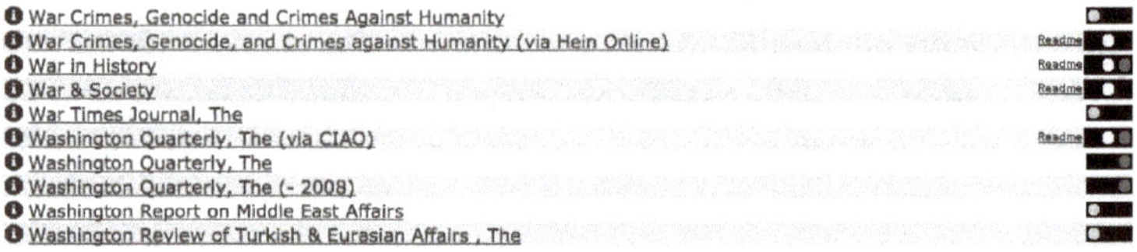

Abb. 11: Politologische Zeitschriften der UB Bielefeld mit Verfügbarkeitshinweisen (Stand: 5. 3. 12)

4.2 Fachdatenbanken

Aufsatzsuche in Fachdatenbanken

Während klassische Bibliothekskataloge noch vorwiegend selbständig erschienene Werke (Bücher und Zeitschriften, in Print- oder elektronischer Form) verzeichnen, die auch im Besitz der Bibliothek oder Informationseinrichtung sind, legen Fachdatenbanken den Akzent auf das Verzeichnen von unselbständig erschienener Literatur, also auf einzelne Aufsätze in Zeitschriften und Sammelbänden („Herausgeber-Schriften"). Gute Fachdatenbanken streben nach einer gewissen Vollständigkeit bei der Verzeichnung von Publikationen eines Faches oder Themas. Einschränkend muss festgehalten werden, dass in den Politik- und Sozialwissenschaften die erschienenen Publikationen in Buchform in den großen Fachdatenbanken nur teilweise nachgewiesen werden. Daher sollten Sie auch ergänzend in überregionalen Katalogen nach dieser Publikationsform suchen (vgl. Kap. 4.1.3). In Fachdatenbanken sind zudem keine Aussagen darüber enthalten, ob die gefundene Publikation auch tatsächlich vor Ort in Ihrer Bibliothek verfügbar ist. Für Ihre **thematische Recherche** bedeutet dies:

– **Bücher** suchen Sie im lokalen Bibliothekskatalog oder in Verbund-, National- oder Metakatalogen. Damit erreichen Sie in der Suche eine größtmögliche Abdeckung der selbständig erschienenen Literatur. Nicht vor Ort vorhandene Titel besorgen Sie sich über die verschiedenen Wege der Literaturbeschaffung (s. Kap. 15).

– Die Suche nach einzelnen **Artikeln** erfolgt in den Fachdatenbanken. Im Anschluss erfolgt eine Verfügbarkeitsrecherche, ob vor Ort der Zugriff auf ein Print- oder elektronisches Exemplar möglich ist. Hierzu benötigen Sie bibliographische Angaben wie etwa den Titel der Zeitschrift oder des Buches bzw. deren Standardnummern (ISSN oder ISBN).

– Viele Bibliotheken unterstützen Sie hierbei durch die Bereitstellung von **Linkresolvern**. Über diese starten Sie ohne umständliches *Copy and Paste* der bibliographischen Angaben direkt eine Verfügbarkeitsanfrage an Ihrer Bibliothek nach lokalen Print-Exemplaren oder elektronischen Fassungen. Halten Sie deshalb in den Datenbanken Ausschau nach Symbolen wie _ϑS·F·X_. Nach einem Klick auf diesen Linkresolver startet die automatische Bestandsabfrage an Ihrer Bibliothek.

4.2.1 Wegweiser durch den Datenbank-Dschungel

So sinnvoll und unverzichtbar **Fachdatenbanken** sind (ihren Wert werden Sie alsbald schätzen lernen), so besitzen Sie auch einen **Nachteil:** Kaum eine Bibliothek kann aus finanziellen Gründen den Zugriff auf alle Angebote gewährleisten. Zumeist sind nur zwei oder drei der wichtigsten Datenbanken lizenziert. Für Sie bedeutet dies: Informieren Sie sich, welche Zugänge Ihre Bibliothek anbietet und suchen Sie gegebenenfalls nach Alternativen, sowohl an anderen Bibliotheken als auch nach anderen Informationsressourcen.

Das wichtigste Instrument, sich im Dschungel der Datenbanken zurecht zu finden, ist in diesem Zusammenhang das **Datenbank-Infosystem** (DBIS). Dieses Nachweissystem für Datenbanken wird von mehr als 250 Bibliotheken des deutschsprachigen Raums kooperativ erstellt. In ihm sind etwa 9400 wissenschaftlich relevante Datenbanken (davon 3500 kostenfrei über das Internet zugänglich) gelistet. Al-

Top-Ressource Datenbank-Infosystem (DBIS)

lein für die Soziologie sind dies 488, für die Politologie 567 Datenbanken (inklusive Doppelzuordnungen).

DBIS bietet neben den Informationen, ob Ihre Bibliothek einen Zugang zu den hier vorgestellten Informationsressourcen anbietet, auch einige Recherchemöglichkeiten. Sie können gezielt nach Titelwörtern der Datenbanken, nach inhaltlichen Schlagwörtern, in Kurzbeschreibungen zu den Datenbanken, nach bestimmten Typen wie Faktendatenbank, biographische Datenbanken, Aufsatzdatenbanken, Portale, Volltextdatenbanken etc. oder gezielt nach verschiedenen Fachgebieten suchen. Die Detailansicht zu den einzelnen Datenbanken gibt unter anderem Auskunft über die Verfügbarkeit der Datenbank in den an DBIS beteiligten Informationseinrichtungen, eine Kurzbeschreibung, inhaltliche Angaben (Schlagwörter und Fachgebiete) und im Einzelfall detaillierte Hilfe-Anleitungen zur Nutzung der Datenbanken.

DBIS gibt Ihnen eine Übersicht über passende Datenbanken für Ihre Recherche. Um in der einzelnen Datenbank recherchieren zu können, müssen Sie die Ressource erst in der Detailansicht unter *Recherche starten* öffnen.

DBIS an Ihrer Bibliothek

Wenn Sie in DBIS von einem Rechner innerhalb Ihres Bibliotheks- oder Campus-Netzes aus recherchieren, so werden Ihnen in der Titelanzeige am rechten Rand durch farbliche Symbole Angaben über den Zugang zur Datenbank **an Ihrer Bibliothek** geliefert. Die DBIS-Oberfläche Ihrer Einrichtung ist automatisch voreingestellt und am Namen und Logo der jeweiligen Institution zu erkennen.

DBIS Gesamtbestand

Suchen Sie von außerhalb, wird Ihnen der **Gesamtbestand** in DBIS angezeigt. Durch Aufrufen der Detailansicht zu einer Datenbank erhalten Sie unter *Bibliothek(en) mit Bestandsnachweis* eine Auswahlmöglichkeit nach Bibliotheken, die diese Ressource auch lizenziert haben. Um vom Gesamtbestand zu einem einzelnen Bibliotheksbestand zu wechseln, stellen Sie im linken Menü unter *Bibliotheksauswahl/Einstellungen* Ihre gewünschte Einrichtung im Pull-Down-Menü ein. Die Auflistung der Institutionen geschieht alphabetisch nach Städtenamen.

Fachgebiet: Politologie		
Auswahl		
Sortierung der Ergebnisse	alphabetisch ▾	Go!
Gesamtangebot (567 Treffer)		**Zugang**
100(0) Schlüsseldokumente zur Russischen und Sowjetischen Geschichte	frei im Web	Start
17th - 18th Century Burney Collection Newspapers	deutschlandweit frei	Start
19th Century British Library Newspapers	deutschlandweit frei	Start
19th Century U.S. Newspapers	deutschlandweit frei	Start
Abgeordnetenhaus Berlin	frei im Web	Start
About the USA	frei im Web	Start
Academic Search Premier (via EBSCO host)	WWW	
ACLS Humanities E-Book	WWW	
Adress-Manager Öffentliches Dienstrecht	CD-ROM/DVD	
afp Nachrichtendienst	WWW	
Africa Development Indicators	frei im Web	Start
Africa Portal	frei im Web	Start
Africa Yearbook Online	WWW	
Agence Europe	WWW	
Agence Europe	CD-ROM/DVD	
AGGB-Katalog / Arbeitsgemeinschaft der Gedenkstättenbibliotheken	frei im Web	Start
Aletta / Instituut voor Vrouwengeschiedenis	frei im Web	Start
AllAfrica.com	WWW	
All-Russia Census	WWW	
América Latina / Portal Europeo	frei im Web	Start

Abb. 12: Trefferanzeige politologischer Datenbanken in DBIS (Stand: 5. 3. 12)

Falls Sie beim ersten Stöbern in DBIS weitere interessante Informationsressourcen wie Volltextdatenbanken, Fachportale etc. gefunden haben, lesen Sie unbedingt auch das Kapitel *Advanced*. Einige politik- und sozialwissenschaftliche Ressourcen werden dort noch näher behandelt werden.

Als Ergänzung zu DBIS kann **CompletePlanet** weiterhelfen. Dieses Datenbankverzeichnis weist mit stärkerer Fokussierung auf den englischsprachigen Raum insgesamt über 70 000 Datenbanken und Spezialsuchmaschinen nach. Obgleich die Aktualität gelegentlich zu wünschen lässt, lassen sich über die erweiterte Suche und die thematische Browsing-Struktur Ergänzendes zur DBIS-Suche finden.

4.2.2 Die großen Sechs

Mit den Sociological Abstracts, SocINDEX, der International Bibliography of the Social Sciences, den Worldwide Political Science Abstracts, PAIS International und WISO werden die großen sechs

Fachdatenbanken der Politik- und Sozialwissenschaften vorgestellt. Weitere, speziellere Fachdatenbanken werden Gegenstand des Kapitels 5.3 sein.

Sociological Abstracts

Sociological Abstracts

Der Klassiker der soziologischen Fachdatenbanken ist aufgrund seiner thematischen Breite und Tiefe erste Wahl für die Soziologie. In der Datenbank sind über 930 000 Literaturnachweise aus den Kernbereichen der Soziologie und aus den angrenzenden weiteren Sozialwissenschaften enthalten. In der lizenzpflichtigen elektronischen Fassung erstreckt sich der Berichtszeitraum der ausgewerteten Zeitschriftenliteratur von 1952 bis in die Gegenwart. Jährlich gelangen etwa 30 000 neue Nachweise in die Datenbank, wobei Nachweise aus den wenigen berücksichtigten deutschsprachigen Fachzeitschriften mit Verzögerung in den Datenbestand eingehen. Der Schwerpunkt liegt auf dem angloamerikanischen Sprachraum; etwa 20% des Inhalts entfallen auf weitere Sprachen. Die Zeitschriften werden nach drei unterschiedlichen Kategorien ausgewertet. Im Kernbestand (ca. 400 *core journals*) wird die gesamte Zeitschrift mit sämtlichen Artikeln abgedeckt, im Prioritätsbestand (600 *priority journals*) werden mehr als 50% der Artikel ausgewertet, im Auswahlbestand (1000 *selective journals*) weniger als 50% des Inhalts eines Heftes.

Steckbrief Sociological Abstracts

Typ:	lizenzpflichtige bibliographische Datenbank
Zugang:	Über Ihre Informationseinrichtung
Umfang:	› 934 000 Datensätze in 09/2011
thematisch:	allgemeine und spezielle Soziologien, Gender, Demographie, Sozialpsychologie, Sozialpolitik, Management etc.
geographisch:	weltweit
sprachlich:	weltweit
zeitlich:	1952–heute
Aktualisierung:	monatlich
Merkmale:	Sociological Thesaurus mit Deskriptoren, Datensätze mit Zitierungen bzw. Quellenangaben, bei Lizenzierung weiterer sozialwissenschaftlicher Datenbanken Simultansuche über alle Bestände möglich.
Suchoberfläche:	Erweiterte Suche benutzen, automatische Begriffsvorschläge, formale Eingrenzungen möglich, gewöhnungsbedürftige Ausschriften.
Ergebnisanzeige:	Überladen; umfangreiche Facettierungsmöglichkeiten.
Weiterverarbeitung:	verschiedene Tools (Druck, Speichern, Mail, Exportieren in Literaturverwaltungen RefWorks, ProCite, EndNote, Reference Manager, Speichern in personalisierten Ordnern auf ProQuest-Servern, Alerts).

Vorteile:	guter soziologischer Datenbestand inkl. grauer Literatur (Forschungsberichte, Arbeitspapiere), zahlreiche Dissertationen mit elektronischen Volltexten, hervorgehobene Anzeige von Tabellen und Abbildungen, akzeptabler Nachweis an Monographien, gute Erschließung.
Nachteile:	Kein direkter Zugriff auf elektronische Volltexte aus Zeitschriften; unübersichtliches Design.

Thematische Suche:

– Alle Nachweise werden mit einem Thesaurus indexiert und eine große Anzahl auch mit einem eigenen Schema klassifiziert. In der erweiterten Suche können Sie gezielt über das Pull-Down-Menü nach Klassifizierung und Schlagwort suchen.

– Der **Thesaurus** umfasst über 4000 Einträge, die **Klassifikation** 29 Hauptklassen mit jeweils mehreren Unterklassen. Die Klassifikation finden Sie über die Website der Zeitschrift. Notieren Sie sich die passende Nummer und geben diese in die erweiterte Suche mit ein. Wahlweise hangeln Sie sich in der Ergebnisanzeige eines Treffers über das Feld *Klassifizierung* weiter.

– In der erweiterten Suche können Sie unter *Thesaurus* nach relevanten Deskriptoren suchen, indem Sie durch den Index browsen oder gezielt über das Formular suchen. Zum Auffinden passender Deskriptoren stehen Ihnen auch über-, untergeordnete und verwandte Begriffe in der Anzeige zur Verfügung.

– Alle Datenbanken des Anbieters ProQuest (vier der „großen Sechs") bieten in der erweiterten Suche auch Begriffsvorschläge an: entweder schon während Ihrer Texteingabe oder als *Themenvorschläge* in der Trefferanzeige.

Besonderheiten:

– Seit 2001 werden bei Zeitschriftenartikeln aus dem Kernbestand auch die **Quellenangaben** (Literaturverweise jeder Arbeit) mit erfasst, ab 2004 auch teilweise für alle weiteren Zeitschriften. In der Einzeltrefferanzeige weisen die Angaben *Quellenangaben*, *Zitiert von*, *Dokumente mit freigegebenen Quellenangaben* auf weitere Literatur hin. Benutzen Sie diese Funktionen: Sie werden rasch passende Zusatzinformationen finden.

– **Tags**: Nach einer kostenfreien Registrierung bei ProQuest können Sie aktiv an der Erschließung partizipieren, indem Sie an Datensätze Ihre eigenen Schlagwörter (Tags) anhängen und so einen Mehrwert für sich bzw. für andere erreichen. Diese Tags werden indexiert und die Datenbank ist nach ihnen durchsuchbar.

– Die Sociological Abstracts (wie auch weitere ProQuest-Datenbanken) lassen sich über eine detaillierte Suchoberfläche nach **Abbildungen** (Diagramme, Illustrationen, Fotografien, Karten) und **Tabellen** durchforsten. Das ist in dieser Art und Weise für eine Literaturdatenbank eher ungewöhnlich, wenngleich gerade für die Arbeit mit Zahlen, Tabellen etc. nicht verkehrt.

SocINDEX

SocINDEX

Die Fachdatenbank SocINDEX ist ein von EBSCO angebotenes Konkurrenzprodukt zu den Sociological Abstracts und bietet aufgrund der höheren Anzahl an ausgewerteten Quellen andere Treffermengen und -sortierungen an. Sie sehen: die Benutzung auch thematisch nahe liegender alternativer Angebote ist ratsam. Die eine Ressource für Ihre Recherche existiert nicht. Vielmehr sind eine Vielzahl von Suchmöglichkeiten vorhanden.

SocINDEX bietet gerade im Bereich der Allgemeinen und Speziellen Soziologien eine größere Tiefe an. Zudem widmet sich die Datenbank umfänglich den Gebieten Demographie, Kriminologie, Gender Studies, Sozialarbeit und Sozialpsychologie. Insgesamt sind in der Datenbank mit dem Berichtszeitraum von 1895 bis in die Gegenwart 4400 abgeschlossene oder noch erscheinende Fachzeitschriften ausgewertet, davon werden aktuell ca. 3500 in unterschiedlicher Dichte (*core, priority, selective*) indexiert. Ergänzt wird der Datenbestand um einen respektablen Anteil an Konferenzschriften und einen geringen Anteil an Büchern, vorwiegend Sammelwerke mit einzelnen Aufsätzen. In der Volltextversion SocINDEX with Fulltext können Sie zudem auf die Volltexte aus 890 Fachzeitschriften, auf über 850 elektronische Bücher und etwa 17000 Konferenzpapiere zugreifen.

Steckbrief SocINDEX

Typ:	lizenzpflichtige bibliographische Datenbank
Zugang:	Über Ihre Informationseinrichtung
Umfang:	›2 100 000 Datensätze in 10/2011
thematisch:	Allgemeine und spezielle Soziologien, Demographie, Kriminologie, Gender Studies, Sozialarbeit und Sozialpsychologie etc.
geographisch:	weltweit
sprachlich:	weltweit, mit Schwerpunkt englisch (› 1 Mio. Datensätze; ca. 40 000 Datensätze aus deutschsprachigen Quellen)
zeitlich:	1895–heute
Aktualisierung:	monatlich
Merkmale:	Eigener Thesaurus für die Suche mittels Subject Terms, Autoren-Profile, Zitationssuche, Bildsuche, Visuelle Suche.
Suchoberfläche:	Überbetonte Darstellung der Suchoptionen, personalisierte Oberfläche nach kostenfreier Registrierung möglich.

Ergebnisanzeige:	übersichtlich, umfangreiche Filtermöglichkeit (Facettie-rung), Bildanzeige, Referenzanzeige.
Weiterverarbeitung:	verschiedene Tools (Druck, Speichern, Mail, Exportieren in Bibliographieverwaltung inkl. verschiedener Zitierstile, Bookmarking, Speichern in personalisierten Ordnern auf EBSCO-Servern).
Vorteile:	In der Volltextversion umfangreiches elektronisches Text-material, Benachrichtigungen (Alert-Dienst per RSS oder E-Mail) zu neuen Zeitschriftenartikel oder basierend auf ge-speicherten Suchen; großer Datenbestand; Autoren-Profile; gezielte Suche nach nicht-textuellen Informationen.
Nachteile:	enthält nur geringen Anteil an Nachweisen zu Büchern; kei-ne elektronischen Volltexte in der Normalversion.

Thematische Suche:

– In der erweiterten Suche finden Sie im Pull-Down-Menü den Su-choperator *SU = Subject Terms*, also diejenigen Begriffe, die den Inhalt der Treffer am besten beschreiben.

– Voreingestellt liefert Ihnen der **Sociology Thesaurus** unter dem Menüpunkt *Themenbegriffe* einen alphabetischen Index aller hin-terlegten Begriffe. Diese sind immer englischsprachig! Zu den *Subject Terms* werden Definitionen, über- und untergeordnete so-wie verwandte und synonyme Begriffe angeboten. Das Einbinden in die Suche erfolgt durch Markieren der Kästchen vor den Schlagwörtern. Sowohl die Suche nach Begriffsbestandteilen als auch nach Relevanz ist möglich.

Besonderheiten:

– **Autoren-Profile:** Am oberen Bildrand ist die Suche nach etwa 25 000 Autoren und Institutionen integriert. Die Sortierung erfolgt alphabetisch oder bei der Suche nach Autoren, die bestimmte Themen bearbeiten, Relevanz bezogen. Die Aktualität der Daten ist sehr unterschiedlich. Die Profile liefern einen schnellen Über-blick zu Publikationsverzeichnissen einzelner Autoren und wei-terführenden Informationen (Werdegang, Kontaktmöglichkeiten, inhaltlicher Schwerpunkt, Ko-Autoren).

– **Suche nach Bildern:** SocINDEX ermöglicht eine begriffliche Suche im ca. 180 000 Bilder umfassenden Datenbestand von EBSCO. Dies sind vorwiegend Fotografien, Kartenmaterial, Illustrationen, sta-tistische Diagramme etc. Relevante Bilder können auf einfache Weise unter Angabe der Quelle in die eigene Arbeit kopiert werden.

– **Suche nach Referenzen:** Ausgehend von Ihrer Trefferliste führt *Zi-tierte Referenzen* zum Literaturapparat des einzelnen Treffers und weitet Ihre Treffermenge aus. Hier finden Sie also die zitierte, vorher erschienene Literatur, die auch relevant sein kann. Auch für diese *zitierten Referenzen* werden Ihnen unter *Anzahl der Zitierungen* weitere Titel in dieser Datenbank angeboten, die wiederum diesen Treffer zitierten.

– **SmartText-Suche:** Diese Suchoption der erweiterten Suche erlaubt die Eingabe von mehreren Begriffen, Sätzen oder ganzen Seiten bis zu maximal 5000 Zeichen. Basierend auf linguistischen Verfahren werden relevante und/oder häufige Begriffe aus Ihrem Suchtext (z. B. Passagen eines Buches oder Artikels) automatisch extrahiert und für die Suche benutzt. Das Relevanzranking in der Trefferliste ist nicht immer auf den ersten Blick verständlich.

– **Visuelle Suche:** Hier werden die thematisch sortierten Treffermengen unter Verwendung formaler Filtermöglichkeiten in einer Graphik präsentiert. Diese Browsing-Struktur erlaubt die schrittweise Eingrenzung von maximal 250 Treffern, indem Sie mehrere für Sie relevante Filter interaktiv mit einbinden.

International Bibliography of the Social Sciences (IBSS)

IBSS

Die IBSS besitzt gegenüber den vorgenannten Datenbanken den Vorteil der inhaltlichen Abdeckung: Sie finden hier gleichermaßen Literaturnachweise zur Soziologie, Politologie, Ethnologie und Wirtschaftswissenschaften, davon entfallen ungefähr 65% der Nachweise auf die zwei erstgenannten Disziplinen. Im Gegensatz zu SocINDEX und den Sociological Abstracts bietet dieser Bestand auch gute Recherchemöglichkeiten nach Büchern und Sammelwerken an. Für Titel in nicht-englischen Sprachen werden seit 2003 Abstracts in den Originalsprachen (vorwiegend französisch, deutsch, spanisch und italienisch) angeboten. Die größere Internationalisierung zeigt sich zudem am großen Anteil an Nachweisen zu Literatur, die jenseits der USA und Großbritanniens erschienen ist.

Steckbrief IBSS

Typ:	lizenzpflichtige bibliographische Datenbank
Zugang:	Über Ihre Informationseinrichtung
Umfang:	›2628000 Datensätze in 09/2011
thematisch:	Soziologie, Politologie, Wirtschaftswissenschaften, Ethnologie sowie angrenzende Sozialwissenschaften
geographisch:	weltweit
sprachlich:	weltweit, ca. 55% englisch
zeitlich:	1951–heute
Aktualisierung:	monatlich

Merkmale:	Eigener Thesaurus (IBSS Atlas und IBSS Terms) mit ca. 10 000 Deskriptoren
Suchoberfläche:	Erweiterte Suche benutzen, automatische Begriffsvorschläge, formale Eingrenzungen möglich, gewöhnungsbedürftige Ausschriften.
Ergebnisanzeige:	Überladen; umfangreiche Facettierungsmöglichkeiten.
Weiterverarbeitung:	verschiedene Tools (Druck, Speichern, Mail, Exportieren in Literaturverwaltungen RefWorks, ProCite, EndNote, Reference Manager, Speichern in personalisierten Ordnern auf ProQuest-Servern, Alerts).
Vorteile:	Nachweise von Büchern, umfangreicher Datenbestand über alle vier Hauptgebiete, Quellenangaben (Literaturverzeichnisse).
Nachteile:	25% der Nachweise ohne Abstracts; keine elektronischen Volltexte in der Normalversion; unübersichtliche Oberfläche.

Thematische Suche:

– Da die IBSS unter der gleichen Oberfläche wie die Sociological Abstracts präsentiert wird, müssen Sie sich nicht groß umorientieren. Die Suchfunktionalitäten nach Schlagwörtern entsprechen denjenigen der Sociological Abstracts (Suchformular und Register).

– IBSS bietet in der erweiterten Suche unter **Thesaurus** die Suche nach geographischen (**IBSS Places**) und sachlichen (**IBSS Terms**) Schlagwörtern an.

– Falls Sie zu große Treffermengen erzielen oder eine thematische Eingrenzung auf eine der vier Klassen bzw. Hauptdisziplinen innerhalb der IBSS vornehmen wollen, geben Sie in der erweiterten Suche entweder *sociology*, *political science*, *economics*, oder *anthropology* ein und wählen im Pull-Down-Menü *Schlüsselwörter/Identifikatoren* aus.

– Falls Ihre Informationseinrichtung mehrere ProQuest-Datenbanken lizenziert hat, können Sie auch eine **simultane Suche** über alle lizenzierten politik- und sozialwissenschaftlichen Datenbanken wie IBSS, Sociological Abstracts, PAIS International, Worldwide Political Science Abstracts oder Social Services Abstracts durchführen. Auf die simultane Suche gelangen Sie über den Link *Alle Datenbanken* oder *Sozialwissenschaftliche Datenbanken* in der Kopfzeile.

– Bedenken Sie allerdings, dass eine thematische Suche mittels Deskriptoren über alle Datenbanken hinweg als Voraussetzung bedingt, sich für einen der vielen Thesauri vorab zu entscheiden. Im Moment sind dies für die sozialwissenschaftlichen Datenbanken allein zehn unterschiedliche Thesauri.

Tipp Die Recherchen in den drei vorgestellten Fachdatenbanken führen zu einer Schnittmenge in den Trefferlisten. Gerade bei Fragestellungen, die sozialwissenschaftliche Randgebiete oder interdisziplinäre Themen betreffen, empfiehlt es sich, nach Möglichkeit **in allen drei Datenbanken** zu suchen. Wie folgende Abbildung veranschaulicht, weisen sowohl SocINDEX als auch IBSS einen erheblichen Bestandteil ausgewerteter Zeitschriften auf, die Sie in den jeweils anderen Ressourcen nicht finden werden. Alle drei Datenbanken weisen zudem Nachweise aus 939 Zeitschriften gemeinsam nach (in unserer Suchlogik lautet dies: IBSS AND SocINDEX AND Sociological Abstracts), d. h. der Kernbestand an Zeitschriften ist bei allen gleichermaßen berücksichtigt.

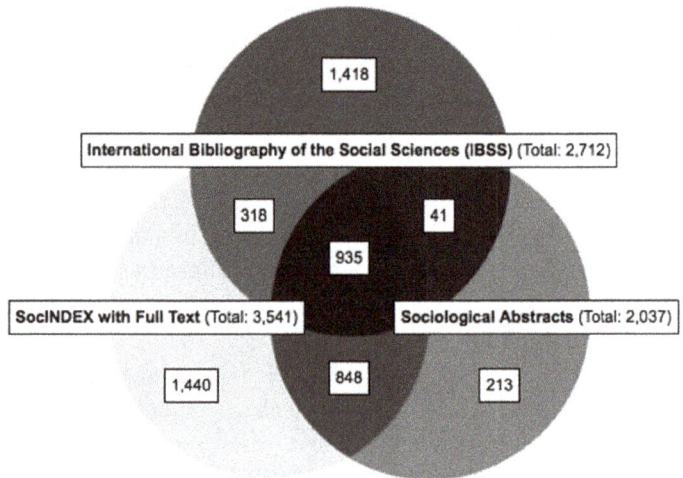

Abb. 13: Abdeckungsgrad der wichtigsten Datenbanken der Soziologie nach Anzahl gemeinsamer und einzeln ausgewerteter Zeitschriften (nach JISC- Academic Database Assessment Tool, http://www.jisc-adat.com/adat/home.pl, Stand: 5. 3. 12)

Worldwide Political Science Abstracts

Im Zentrum der politikwissenschaftlichen Fachbibliographien stehen die **Worldwide Political Science Abstracts** (WPSA). Sie decken alle Bereiche der Politikwissenschaft, der Internationalen Beziehungen und verwandter Fachgebiete wie internationales Recht und öffentliche Verwaltung ab. Die enthaltenen Publikationsformen sind vorrangig Zeitschriftenartikel und Rezensionen und nur begrenzt auch Monographien, Dissertationen oder Internetquellen.

Die Datenbank wertet rund 1700 wissenschaftliche Zeitschriften und Serien weltweit aus, von denen zwei Drittel außerhalb der USA publiziert werden. Im Kernbestand (*core*) wird die gesamte Zeitschrift mit sämtlichen Artikeln abgedeckt. Zu diesem Bestand zählen Publikationen politikwissenschaftlicher Fachvereinigungen und -gruppen, Fakultäten und außeruniversitärer Institutionen. Im Prioritätsbestand (*priority*) werden mehr als 50% der Artikel ausgewertet, die aus Publikationen verwandter sozialwissenschaftlicher Disziplinen wie Ökonomie oder Soziologie stammen und in denen politikwissenschaftliche Fragestellungen thematisiert werden. Im Auswahlbestand (*selective*) werden Publikationen ausgewertet, die gelegentlich politikwissenschaftliche Fragestellungen berücksichtigen, allerdings mit einem Abdeckungsgrad von weniger als 50%.

Seit 2001 werden bei Zeitschriftenartikeln aus dem Kernbestand die **Referenzen** miterfasst. Für die Prioritäts- und Auswahlbestände werden diese seit 2004 sukzessive in die Datenbank integriert. Die Verknüpfung unterschiedlicher Referenzapparate zu den einzelnen Artikeln führt zum Auffinden häufig zitierter Werke (vgl. Sociological Abstracts und IBSS).

Steckbrief WPSA	
Typ:	lizenzpflichtige bibliographische Datenbank
Zugang:	Über Ihre Informationseinrichtung
Umfang:	›795000 Datensätze in 11/2011
thematisch:	Politologie inkl. Hauptgebiete Politische Theorie, Vergleichende Politiklehre und Internationale Beziehungen sowie Recht und Verwaltung
geographisch:	weltweit
sprachlich:	weltweit
zeitlich:	1975–heute
Aktualisierung:	monatlich; Zuwachs ca. 35000 p.a.
Merkmale:	Eigener Thesaurus mit ca. 3000 Deskriptoren, Klassifizierung
Suchoberfläche:	Analog zu IBSS und Sociological Abstratcs
Ergebnisanzeige:	Analog zu IBSS und Sociological Abstratcs
Weiterverarbeitung:	Analog zu IBSS und Sociological Abstratcs
Vorteile:	ThematischeAbdeckungderPolitikwissenschaften;akzeptabler Buchbestand; Quellenangaben (Literaturverzeichnisse).
Nachteile:	Keine elektronischen Volltexte in der Normal-Version; unübersichtliche Oberfläche.

Thematische Suche:

– Jeder Datensatz ist in einer der 14 Hauptklassen oder deren Unterklassen klassifiziert. Die einzelnen *classification codes* sind auf der Homepage von WPSA aufgeführt und können durch Eingabe in der erweiterten Suche (s. *Klassifizierung-CC* im Pull-down-Menü) integriert werden. Wahlweise können Sie auch über die Datenbankfunktion *Klassifizierungscode nachschlagen* in der erweiterten Suche gezielt nach den Codes suchen.

– Alle neueren Datensätze sind mit Deskriptoren aus dem 3000 Einträge umfassenden Thesaurus **Political Science Index Terms** erschlossen. In der erweiterten Suche führen die Funktionen *Thesaurus* oder *Thema nachschlagen* zu einem Suchfenster, in dem Sie entweder nach dem im Thesaurus enthalten Deskriptoren suchen oder in einem Index nach diesen blättern können.

PAIS International

PAIS
International

Die Datenbank **PAIS International** beinhaltet Literaturnachweise aus der Soziologie, Politologie, Verwaltungswissenschaft, den Internationalen Beziehungen und dem Militärwesen. Sie enthält Nachweise zu Periodika (ca. 75%), Monographien und Internetquellen (ca. 25%), die weltweit publiziert wurden. Seit Mitte der 1970er Jahre wurden im unterschiedlichem Umfang über 4100 Periodika ausgewertet, darunter ca. 870 Titel wissenschaftlich begutachteter Zeitschriften. PAIS International wird monatlich aktualisiert und enthält momentan ca. 660 000 Datensätze.

Unter der gleichen Oberfläche ist das **PAIS Archive** integriert. Hier sind Literaturnachweise aus der gedruckten Bibliographie PAIS Annual Cumulated Bulletin aus den Jahren 1915–1976 in Form von mehr als 1,23 Millionen Datensätzen enthalten. Es handelt sich hier um den größten Bestand aus den Bereichen Soziologie, Politologie, Verwaltungswissenschaft, Geschichte und den Internationalen Beziehungen.

Steckbrief PAIS International

Typ:	lizenzpflichtige bibliographische Datenbank
Zugang:	Über Ihre Informationseinrichtung
Umfang:	›1 800 000 Datensätze in 09 / 2011 (inkl. PAIS Archive)
thematisch:	Politologie inkl. Teilgebiete sowie angrenzender Sozialwissenschaften
geographisch:	weltweit
sprachlich:	weltweit, ca. 45% englisch
zeitlich:	1915–heute
Aktualisierung:	monatlich
Merkmale:	Eigener Thesaurus
Suchoberfläche:	Analog IBSS und Sociological Abstracts
Ergebnisanzeige:	Analog IBSS und Sociological Abstracts
Weiterverarbeitung:	Analog IBSS und Sociological Abstracts
Vorteile:	sehr großer Datenbestand; breite thematische Abdeckung in den Politikwissenschaften; internationale Abdeckung, Abbildungen und Tabellen hervorgehoben; Quellenangaben.

Nachteile:	Keine elektronischen Volltexte in der Normalversion; Thesaurus nicht separat durchsuchbar; überladene Oberfläche; nur teilweise Datensätze mit Klassifikationen enthalten.

Thematische Suche:
– Die **PAIS Subject Headings** sind in 24 Hauptgebiete mit 569 Unterpunkten eingeteilt. Sie befinden sich in permanenter Weiterentwicklung. Bereits etablierte neuere Begriffe werden in den Thesaurus aufgenommen, veraltete werden abgelöst. Leider ist der Thesaurus momentan nicht in die *Erweiterte Suche* integriert, so dass Sie sich nur über *Themen* in der Ergebnisanzeige orientieren können.

WISO
Die wichtigste deutschsprachige Datenbank für die Recherche nach Literaturnachweisen in den Wirtschafts- und Sozialwissenschaften ist **WISO.** Der Datenbestand, der auch nicht-deutschsprachiges Material beinhaltet, liefert bibliographische Angaben und Abstracts aus den Fachgebieten Volks- und Betriebswirtschaftslehre, Soziologie, Politikwissenschaft, Sozialpolitik, Sozialpsychologie, Bildungsforschung, Kommunikationswissenschaften, Demographie, Ethnologie, Arbeitsmarkt- und Berufsforschung sowie aus weiteren interdisziplinären Gebieten der Sozialwissenschaften. In geringem Umfang führen die Literaturnachweise auch zu den zugrunde liegenden Volltexten, sofern diese frei im Netz zugänglich sind.

WISO stellt das Dach über einzelne politik-, sozial- und wirtschaftswissenschaftliche Quellen dar. Für uns sind folgende **unter einer Oberfläche** integrierte Teilbereiche relevant:

SOLIS (Sozialwissenschaftliche Literatur): Der von mehreren Forschungsinstitutionen unter der Federführung von GESIS, dem Leibniz-Institut für Sozialwissenschaften, aufgebaute Datenbestand umfasst ca. 425 000 Datensätze und wird monatlich aktualisiert. Verzeichnet werden Periodika, Monographien und graue Literatur. | WISO-Teile

SOFIS (Sozialwissenschaftliche Forschungsinformation) umfasst mehr als 40 000 Nachweise zu Forschungsarbeiten aus sozialwissenschaftlichen Fachgebieten im deutschsprachigen Raum. Basierend auf Erhebungen unter sozialwissenschaftlichen Forschungseinrichtungen werden beendete, laufende und geplante Forschungsarbeiten der letzten zehn Jahre unabhängig ihrer Methodik und Größe verzeichnet. Die Aktualisierung erfolgt drei Mal jährlich.

Der etwa 180 000 Nachweise umfassende Datenbestand aus **DZI SoLit** enthält deutsch- und englischsprachige Literaturnachweise zum

Fachgebiet Sozialarbeit/Sozialpädagogik. Die Datenbank wird durch das Deutsche Zentralinstitut für soziale Fragen erstellt und verzeichnet Periodika, Bücher und graue Literatur aus dem deutschsprachigen Raum sowie aus den USA und Großbritannien.

Die Datenbank **World Affairs Online** (WAO) umfasst über 650 000 bibliographische Angaben, teilweise mit Abstracts, aus den Internationalen Beziehungen und Länderkunde. Ausgewertet werden Aufsätze aus Zeitschriften und Sammelwerken (65%) sowie Monographien (21%), amtliche Publikationen und sonstige graue Literatur.

Der **Vorteil** von WISO besteht einerseits im umfangreichen Nachweis der deutschsprachigen Literatur aus den Politik- und Sozialwissenschaften, die in den bisher vorgestellten Informationsressourcen angloamerikanischer Prägung keine angemessene Berücksichtigung finden. Andererseits bietet WISO eine feingliedrige Beschränkung auf Publikations- und Forschungsarten sowie auf die angewandte Methodik, die gerade bei der Suche nach spezieller Literatur oder nach Projekten zielführend sein kann.

Steckbrief WISO	
Typ:	lizenzpflichtige bibliographische Datenbank
Zugang:	Über Ihre Informationseinrichtung
Umfang:	›1 350 000 Datensätze der Politik- und Sozialwissenschaften sowie ›6 200 000 der Wirtschaftswissenschaften in 09/2011
thematisch:	Soziologie, Politologie, Wirtschaftswissenschaften sowie angrenzende Sozialwissenschaften
geographisch:	überwiegend deutschsprachiger Raum
sprachlich:	überwiegend deutsch
zeitlich:	je nach Quelle ab 1945, Schwerpunkt ab 1970er Jahre bis heute.
Aktualisierung:	monatlich
Merkmale:	Standard-Thesaurus Wirtschaft und Thesaurus Sozialwissenschaften; Klassifikation.
Suchoberfläche:	Genios-Oberfläche, viel Eigenwerbung; Eingrenzung nach Quellen; umständliche Einbindung der Thesauri.
Ergebnisanzeige:	Übersichtlich; ohne Facettierungsmöglichkeit; für Anschlussrecherche nur Auswahl eines Schlagwortes möglich.
Weiterverarbeitung:	Save, Print, Email, Export in Literaturverwaltungsprogramme, Personalisierung und Alerts.
Vorteile:	Die Datenbank für Forschung aus dem deutschsprachigen Raum, Integration von Forschungsprojekten (auf Selbstmeldebasis) und grauer Literatur; je nach Lizenz E-Books integriert; Suche auch nach Zeitungsartikeln möglich.
Nachteile:	Literaturnachweise zu Büchern, umständliche Menüführung bei der Trefferverarbeitung.

Thematische Suche:

–   Die Suchoberfläche über *Alle Medien* bietet keine Möglichkeiten,
    thematisch mittels Schlagwörtern oder Klassifikationen zu su-
    chen. Wechseln Sie hierfür in die *Suche nach Literaturnachwei-*
    sen im Menü auf der linken Seite. Sowohl in der Suche in ge-
    meinsamen Datenbeständen wie auch in den Einzelbeständen
    der Sozial- oder Wirtschaftswissenschaften können Sie nach
    Schlagwörtern suchen. Während der Eingabe in das Suchfeld
    Schlagworte erhalten Sie automatisch Begriffsvorschläge ange-
    zeigt.

–   Um Ihren Begriff in Beziehung zu über- und untergeordneten oder
    zu synonymen Begriffen zu sehen, empfiehlt sich der Gebrauch
    des **Thesaurus Sozialwissenschaften** bzw. des **Standard Thesau-**
    rus Wirtschaft am oberen Bildrand. Der sozialwissenschaftliche
    Thesaurus beinhaltet sechs Themenfelder: Grundlagen der Sozi-
    alwissenschaften, Gesellschaft, Soziales Verhalten, Grundlagen
    und Erscheinungsformen, interdisziplinäre Anwendungsbereiche
    der Sozialwissenschaften, Problemfelder, die überwiegend von
    einzelnen Sozialwissenschaften behandelt werden sowie Sonder-
    listen (Personen, Regionen, Organisationen etc.). Das Auffinden
    passender Schlagwörter erfolgt entweder durch Browsing in den
    Themengebieten oder durch gezielte Suche in einem Suchfeld.
    Die Übernahme des Schlagwortes in die eigentliche Suche erfolgt
    über das Symbol 🔁.

–   Auf Trefferebene erhalten Sie unter *weiterführende Informationen*
    zudem zusätzliche Schlagwörter angezeigt, aus denen eine An-
    schlussrecherche resultieren kann.

–   Um große Treffermengen, etwa beim Gebrauch allgemeiner Such-
    begriffe, im Vorfeld einzugrenzen, bietet sich das Drill-Down-
    Menü Klassifikation an. Am Ende der Langanzeige eines Treffers
    werden zudem die einzelnen Klassen als Navigationshilfe ange-
    boten und durch Klick automatisch in die Suchmaske für die An-
    schlussrecherche übernommen.
    Sie sehen: Die Bedienungsführung ist etwas umständlich.

Sie haben jetzt für eine **Aufsatzrecherche** die notwendigen und geeigneten **Grundressourcen** kennen gelernt. Schauen Sie in **DBIS** nach,
welche Ihre Bibliothek davon lizenziert hat. Und kontaktieren Sie bei
Rechercheproblemen das **Bibliothekspersonal** vor Ort. Es hilft Ihnen
sicherlich gerne weiter!

4.3 Wissenschaftliche Suchmaschinen

Wissen-
schaftliche
Such-
maschinen
Während mit allgemeinen Suchmaschinen oft Unmengen an Treffern aus auch irrelevanten Quellen des freien Webs gefunden werden, versuchen wissenschaftliche Suchmaschinen diesen Nachteil zu verringern. Dies gelingt durch die Konzentration des Suchraumes auf akademische Quellen wie Bücher, Zeitschriften, Konferenzbeiträge sowie auf Gesetze, Patente usw. und durch die Konzentration auf akademische Institutionen wie Verlage, Fachgesellschaften oder wissenschaftliche Einrichtungen. Was hat diese Konzentration idealtypisch zur Folge? Die Trefferanzahl reduziert sich, die Treffer sind von höherer Relevanz und Wertigkeit im Vergleich zur allgemeinen Web-Suche, und das Ranking der Treffer bildet diese Relevanz ab.

Google Scholar

Google
Scholar
Die Wissenschaftssuchmaschine von Google verzeichnet neben frei zugänglichen Open-Access-Publikationen auch Dokumente, die im Volltext nicht frei zugänglich sind, oder bei denen nur das Abstract zugänglich bzw. durchsuchbar ist. Zu finden sind sowohl Bücher (Verlinkung zum Parallelangebot *Google Books*), Aufsätze, Zusammenfassungen als auch Zitationen in Kurzform. Die ausgewerteten Quellen stammen von Hochschuleinrichtungen und weiteren wissenschaftlichen Institutionen, Verlagen, Fachvereinigungen oder Berufsverbänden. Eine konkrete **Transparenz** der ausgewählten Quellen ist indes **nicht gegeben**.

Die einfache Suche folgt der Funktionslogik der allgemeinen Suchmaschine *Google*. Die **Erweiterte Suche** erlaubt weitere Ergänzungen wie die Suche mittels Operatoren, eine Phrasensuche wie auch eine Eingrenzung nach Veröffentlichungsdatum oder Namen der Zeitschrift. In der englischsprachigen Oberfläche ist in der *Advanced Scholar Search* zudem eine Eingrenzung auf die *Collection Social Sciences, Arts, and Humanities* möglich.

Ein Vorteil von Google Scholar besteht im schnellen Volltextzugriff auf die Dokumente bzw. in der Verlinkung auf Dokumentlieferdienste oder auf die Bibliothek vor Ort, so dass mit wenigen Klicks auch auf die elektronischen Bestände zugegriffen werden kann. Falls Sie dennoch auf der Webseite einer Zeitschrift landen und auf den elektronischen Volltext nicht zugreifen können, sollten Sie im Anschluss in Ihrem Bibliothekskatalog oder in der EZB bzw. ZDB nach dem Titel der Zeitschrift suchen. Gegebenenfalls gelangen Sie über diesen Weg zum Volltext.

Die Trefferanzeige weist auf **weitere Funktionalitäten** hin:

Vocational secondary education, tracking, and social stratification
Y Shavit... - Handbook of the sociology of education, 2006 - Springer
Most secondary school systems maintain a distinction between acadeniiic and **vocational**
education. The specifics may vary from place to place, but in most countries academic
education prepares students for college or for a university whereas **vocational** education ...
Zitiert durch: 67 - Ähnliche Artikel - Bibliothekssuche - Services@SBB - Alle 3 Versionen - In BibTeX importieren

Abb. 14: Trefferanzeige in Google Scholar (Stand: 5. 3. 12)

– *Zitiert durch: 67* weist auf weitere Treffer hin, die dieses Werk
zitiert haben und von Google indexiert wurden. Eine Anschlusssuche innerhalb dieser Zitate erzielen Sie durch Setzung eines
Hakens unter dem Suchfeld.

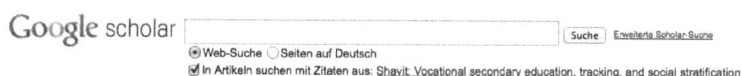

Google scholar [   ] [Suche] Erweiterte Scholar-Suche
○ Web-Suche ○ Seiten auf Deutsch
☑ In Artikeln suchen mit Zitaten aus: Shavit: Vocational secondary education, tracking, and social stratification

Abb. 15: Weitersuche in Zitaten in Google Scholar (Stand: 5. 3. 12)

– *Ähnliche Artikel* führt Sie zu weiteren Treffern, die dem gefundenen Dokument aufgrund einer Übereinstimmung in den bibliographischen Daten, in den Zitaten bzw. Verlinkungen auf dieses
Dokument ähnlich sind.
– *Bibliothekssuche* führt Sie bei Büchern zum *WorldCat*, der auch
zahlreiche Bestände deutscher Bibliotheken bzw. deren Verbünde
nachweist. Falls Sie sich im Netz Ihrer Bibliothek oder Hochschule befinden, gelangen Sie so zum lokalen Bibliothekskatalog.
– *Services@SBB* führt Sie zu den lokalen, elektronischen (Zeitschrif-
ten-)Beständen (hier: der Staatsbibliothek zu Berlin). In den
Scholar-Einstellungen können bis zu drei, mit Google Scholar ko-
operierende Bibliotheken vorab in die Suche integriert werden.
– *Alle 3 Versionen* führt Sie zu verschiedenen Versionen des Treffers (Volltext, Abstract, Zitation) bzw. zu verschiedenen Bezugs-
quellen. Diese alternativen Zugänge können direkt und kostenfrei
zum **Volltext** führen (s. im Beispiel die dritte Version). Ansonsten
wird ein möglicher Volltextzugriff rechts neben der Trefferliste
durch einen Link, z. B. [PDF] from columbia.edu präsentiert.
– Über *In BibTeX importieren* kann der Datensatz mit den bibliographischen Angaben in ein Literaturverwaltungssystem exportiert
werden. Hierzu muss unter den *Scholar-Einstellungen* das Feld *Bi-
bliographiemanager* aktiviert werden. Zur Auswahl stehen *BibTeX,
EndNote, RefMan, RefWorks* und *WenXianWang* (s. Kap. 17).

Nachteile Bei aller Begeisterung über die Treffermengen in Google Scholar (Sie werden nie null Treffer erzielen), dürfen die **Nachteile** nicht verschwiegen werden:

- **Trefferqualität**: Aufgrund der fehlenden inhaltlichen Erschließung sind die Ergebnisse oftmals nicht exakt genug. Zudem führen die Ergebnislisten leider nicht nur vereinzelt zu thematisch irrelevanten oder gar falschen Treffern.
- **Trefferquantität**: Die Ergebnismengen sind auch bei Benutzung der erweiterten Suche häufig nicht zu bewältigen und führen zu frustrierend vielen Treffern. *Small size does matter!*

Erinnern Sie sich an unser allererstes Suchbeispiel zum Referatsthema über *die Türkei und die EU-Erweiterung aus integrationstheoretischer Perspektive*? Bewerten Sie selbst den Nutzen und vergleichen Sie die Ergebnisse aus Google, Google Scholar und den Fachdatenbanken miteinander.

Bielefeld Academic Search Engine (BASE)

BASE Die von der Unibibliothek Bielefeld betriebene Suchmaschine verzeichnet frei zugängliche Dokumente (sogenannte **Open-Access**-Publikationen) aus über 2000 weltweit verteilten wissenschaftlichen Quellen. Diese, vorwiegend Dokumentenserver von Hochschuleinrichtungen und außeruniversitären Forschungs- und Informationseinrichtungen, steuern mehr als 32 Millionen Dokumente zum Index der Suchmaschine bei. Im Gegensatz zu Google Scholar wird im Sinne einer gebotenen **Transparenz** ein Quellenverzeichnis angeboten. Die Begrenzung auf Internetressourcen des akademischen Webs wirkt sich im Vergleich zu allgemeinen Suchmaschinen positiv auf die Trefferqualität und -menge aus.

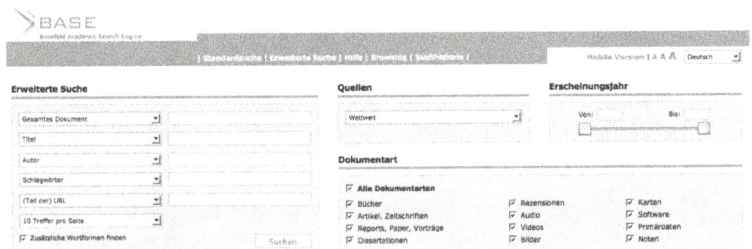

Abb. 16: Erweiterte Suche in BASE (Stand: 5. 3. 12)

Die Suchmöglichkeiten und die Trefferanzeige unterscheiden sich zu allgemeinen Suchmaschinen auch in der Qualität der bibliographischen Daten und deren übersichtlichen Präsentation. Vor allem die Sucheingrenzung nach *Dokumentart* oder die Eingrenzung der Suchergebnisse nach unterschiedlichen bibliographischen Kategorien helfen Ihnen weiter. Für eine thematische Suche empfiehlt sich der Gebrauch von *Schlagwörtern* im linken Menübereich. Als Grobeinstieg hilft auch die Funktion *Browsing* nach *Dewey-Dezimalklassifikation (DDC)* am oberen Bildrand, wobei nicht jeder Titel mit der DDC klassifiziert ist.

1. What Do Theories of International Regimes Contribute to the Explanation of Cooperation (and Failure of Cooperation) among Oil-Producing Countries?

Titel:	**What** Do **Theories** of International Regimes Contribute to the Explanation of Cooperation (and Failure of Cooperation) among Oil-Producing Countries?
Autor:	Dag Harald Claes
Inhalt:	international regimes; energy policy; institutionalism
Dokumentart:	preprint
URL:	http://www.arena.uio.no/publications/wp99_12.htm
Datenlieferant:	RePEc: Research Papers in Economics

In Google Scholar suchen   Als E-Mail versenden   Exportieren ▼

Abb. 17: Trefferanzeige in BASE (Stand: 5.3.12)

Weitere **Besonderheiten** in BASE:
- *zusätzliche Wortformen finden* führt zu mehr Treffern, da Flexionsformen mit gesucht werden.
- Durch Integration der Funktion *Multilinguale Synonyme (EuroVoc Thesaurus)* wird für Ihre Suchbegriffe automatisch nach Synonymen und Übersetzungen gesucht. Basis dafür ist der Thesaurus der Europäischen Union mit 240 000 Begriffen aus 21 Sprachen. Diesen Komfort der automatischen **Multilingualität** bieten nur ganz wenige Ressourcen.
- Die Trefferanzeige ist auf *Relevanz* voreingestellt. Diese bemisst sich an der Worthäufigkeit und -stellung der Suchbegriffe in einem Dokument, z.B. im Titel, in der Inhaltsbeschreibung oder im Volltext. Annahme: Falls Ihre Suchbegriffe im Titel oder den Schlagwörtern vorkommen, wird davon ausgegangen, dass diese Treffer eine größere Relevanz aufweisen als Treffer mit Suchbegriffen, die irgendwo im Volltext stehen.
- Weitersuche eines BASE-Treffer in Google Scholar, um zusätzliche Informationen zu recherchieren.
- Datenexport: Mail, EndNote, RefWorks, RSS-Feed, Sharing (Facebook, Twitter etc.).
- Search-Plugin für die Browser Firefox und Internet Explorer; eigene App für iPhone, iPad und iPod touch.

Scirus

Scirus

Die englischsprachige Suchmaschine für wissenschaftliche Literatur des Elsevier-Verlages heißt **Scirus**. Wenngleich die Naturwissenschaften, die Technik und die Medizin einen Großteil des indexierten Datenbestandes ausmachen, so eignet sich Scirus als Ergänzung zu den beiden vorher genannten Suchmaschinen auch für die Politik- und Sozialwissenschaften. Eine Eingrenzung des Suchraumes in der *Advanced search* auf die *subject areas Social and Behavioral Sciences* und *Sociology* ist sinnvoll. Der riesige Datenbestand von über 400 Millionen Dokumenten umfasst im Wesentlichen drei Quellenarten: Artikel aus wissenschaftlichen Zeitschriften und Büchern (basierend auf SciVerse ScienceDirect, einer Literaturdatenbank mit Dokumentlieferdienst von Elsevier), Artikel aus Volltextarchiven und den „Rest des akademischen Webs", vorwiegend Webseiten wissenschaftlicher Institutionen. Die voreingestellte Suche nach *The complete document* führt häufig zu umfangreichen Trefferlisten, die Sie nach formalen (*information types* oder *field formats*) oder inhaltlichen Aspekten (*keyword*) oder nach Quellen (*content sources*) eingrenzen bzw. spezifizieren können. Wenn der Zugriff auf den Volltext nicht möglich ist, wird in der Regel zumindest auf eine kostenfreie Zusammenfassung der Publikation verwiesen.

Vorteile wissenschaftlicher Suchmaschinen

Der Reiz wissenschaftlicher Suchmaschinen besteht in der Verbindung von Zugang, Auswahl und Beschaffung. Die Informationsrecherche ist **unabhängig** von etwaigen **Lizenzen**, die Ihre lokale Bibliothek für Datenbanken vorhält, da der Zugang zu wissenschaftlichen Suchmaschinen kostenfrei ist. Im Gegensatz zu allgemeinen Suchmaschinen wie Google, Bing, Yahoo etc. versuchen sich die Anbieter beim Aufbau ihres Datenbestandes auf das akademische Web bzw. auf **akademische Quellen** zu begrenzen. Diese Auswahl führt bei richtiger Anwendung zu handhabbaren Treffermengen bei gleichzeitig höherem Qualitätsniveau der einzelnen Treffer. Letztlich besteht der Reiz dieser Suchmaschinen auch in dem direkten und kostenfreien **Zugriff** auf weitere **Informationen**, wenn nicht gar auf den gesamten **Volltext** eines Dokumentes. Umfangreiche Beschaffungen der einzelnen Treffer über Ihre Bibliothek oder über Dokumentlieferdienste bleiben Ihnen somit erspart.

Tipp

Weitere wissenschaftliche Suchmaschinen
OAIster:
Open Access-Suchmaschine mit etwa 23 Millionen Treffern aus 1100 Quellen; separate Suche oder über den WorldCat integriert.
Scientific Commons:
folgt einem ähnlichen Funktionsprinzip wie BASE; über 38 Millionen Publikationen aus über 1250 Archiven.
Microsoft Academic Search:
über 36 Millionen Publikationen mit der Eingrenzungsmöglichkeit auf Domains der Sozialwissenschaften; enthält umfangreiche Zusatzfunktionen (Zitationssuche, Trendanalyse etc.).
World Lecture Project:
Suchmaschine für akademische Präsentationen, Vorträge, Reden, Vorlesungen.
Yovisto:
Suchmaschine für Videos aus dem akademischen Bereich.

Wir sind jetzt **am Ende** unseres ersten Kapitels angekommen. Wenn Sie diese **Basics** aufmerksam gelesen haben, besitzen Sie das notwendige Grundwissen und -verständnis, um erfolgreich recherchieren zu können. Sie stellen sich nun womöglich die Frage: Welchen Nutzen bieten mir jetzt noch die folgenden Kapitel? Bedenken Sie hierzu: Sie haben im ersten Kapitel gelernt, in den Grundressourcen zu recherchieren. Die Literaturbeschaffung bzw. der schnelle Weg zum (elektronischen) Volltext sowie die potentiellen Wegweiser zu vielen Informationen, die in zahlreichen weiteren Ressourcen enthalten sind, haben wir bisher nur am Rande gestreift. Hier setzt das Kapitel **Advanced** nun an.

Kommen Sie mit! Sie werden schnell den Nutzen erkennen.

Advanced
oder Ihr Menu for Choice

Bisher lernten wir aus dem Bereich Fachdatenbanken *die großen Sechs* kennen. Es ist nicht überraschend, dass noch weitere hoch relevante Ressourcen existieren. Welche? Dies ist nicht einfach zu beantworten, da es von Ihrer konkreten Themenstellung abhängt. Wir schauen uns im weiteren Verlauf sowohl allgemeine fächerübergreifende als auch spezielle Ressourcen an, die dem Auffinden von Artikeln, Büchern und Daten dienen.

5 Weitere Aufsatzdatenbanken

5.1 Fächerübergreifend

IBZ

Die bekannteste fächerübergreifende Datenbank für die Geistes- und Sozialwissenschaften ist die **Internationale Bibliographie der geistes- und sozialwissenschaftlichen Zeitschriftenliteratur** (IBZ). Der Datenbestand ist mit fast 3,2 Millionen Artikeln aus 11 500 Zeitschriften ungleich **größer als** der in den **Fachdatenbanken**. Allerdings beginnt der Berichtszeitraum in der elektronischen Variante erst 1983, d.h. ältere Literatur finden Sie hier nicht. Die Schlagwörter werden in deutscher und englischer Sprache angeboten und entsprechen in etwa dem System wie Sie es von der Buchrecherche in den deutschen Bibliothekskatalogen her kennen. Neben der thematischen Suche mit **Schlagwörtern** kann auch nach übergeordneten **Sachgebieten** recherchiert werden. Da für die thematische Begriffsuche weder eine A–Z-Liste noch ein Thesaurus angeboten werden, können die automatisch erscheinenden Begriffsvorschläge während der Eingabe eine Hilfestellung bieten. Die Ergebnisanzeige erlaubt keine weitere Facettierung. Verlinkungen auf weitere Treffer werden nur über die Schlagwörter oder Sachgebiete angeboten. Des Weiteren stehen bei den einzelnen Zeitschriftenartikeln noch Links zu den weiteren Aufsätzen des Heftes bzw. der ganzen Zeitschrift zur Verfügung. Der Zugriff auf vorhandene Volltexte wiederum funktioniert analog zu den schon bekannten Datenbanken über einen Klick auf den Button *OpenURL*.

FRANCIS

Als Alternative zur IBZ kann die Datenbank **FRANCIS** des Institut de l'Information Scientifique et Technique des Centre National de la Recherche Scientifique weiterhelfen. Sie verzeichnet **ohne thematische Schwerpunktsetzung** fast zwei Millionen Datensätze aus den

Geistes- und Sozialwissenschaften. Erwähnenswert ist bei FRANCIS die **Multilingualität**, da die Datensätze englische und französische **Schlagwörter,** Titelübersetzungen oder Abstracts enthalten und die Sprachabdeckung breiter ist als in der IBZ. Inhaltlich lassen sich die beiden Ressourcen nur bedingt vergleichen, da dafür die Quellenbasis nicht gut genug dokumentiert ist.

Ebenfalls bei De Gruyter sind neben der IBZ noch drei weitere Datenbanken erschienen, die sich **speziellen Dokumentarten** widmen:

Die **Internationale Bibliographie der Rezensionen geistes- und sozialwissenschaftlicher Zeitschriftenliteratur** (IBR) weist etwa 1,2 Millionen **Rezensionen** aus über 6800 Zeitschriften seit 1985 nach. Rezensionen filtern aus der Publikationsflut diskussionswürdige Literatur und können ein Indiz für die Qualität oder Bedeutung der rezensierten Werke darstellen. IBR

Die **Internationale Jahresbibliographie der Festschriften** (IJBF) enthält die Nachweise zu etwa 20 000 **Festschriften** mit insgesamt über 600 000 Beiträgen, von denen etwa 40% auch thematisch erschlossen sind. Eine tiefere Erschließung von Festschriften als besondere Publikationsform fällt häufig in den Fachdatenbanken und Bibliothekskatalogen unter den Tisch, so dass die IJBF hier eine Lücke schließt. IJBF

Die **Internationale Jahresbibliographie der Kongressberichte** (IJBK) verzeichnet knapp eine Million Artikel aus über 33 000 hauptsächlich europäischen **Kongressberichten** seit 1984 und bietet hierzu deutsche und englische Schlagwörter an. Wenngleich die wissenschaftliche Qualität von Artikeln in Festschriften und Konferenzbänden in den Politik- und Sozialwissenschaften im Vergleich zu Artikeln in begutachteten Zeitschriften kritischer gesehen werden kann, finden Sie in den genannten Ressourcen vielleicht auch die eine oder andere Perle. IJBK

Als weitere spezielle Dokumentart, die normalerweise nicht im Fokus der Auswertung durch die großen Datenbanken steht, gelten Hochschulschriften (vorwiegend **Dissertationen**). Für den deutschsprachigen Raum lohnt hier eine Suche sowohl über WISO als auch über den Bibliothekskatalog der Deutschen Nationalbibliothek (DNB). Um hier gezielt Dissertationen mit in die Suche einzubinden, empfiehlt sich die Eingabe des Suchbegriffes *„diss."* im Suchfeld *Alle Begriffe*. Ein Teil der Dissertationen liegen bei der DNB auch in elektronischer Form vor. Um diese zu recherchieren, gibt es das Informationssystem **DissOnline**, in dem Sie über eine Volltext- oder Metadaten-Suche direkt auf die elektronischen Versionen zugreifen können. Für die Politik- und Sozialwissenschaften bietet dieser Volltextserver etwa 2400 Dissertationen an. Hochschulschriften

Für den englischsprachigen Raum empfiehlt sich die Datenbank **ProQuest Dissertations & Theses** (PQDT), welche Dissertationen seit Mitte des 19. Jahrhunderts verzeichnet, insgesamt beinahe drei Millionen. Die geographische Abdeckung ist zwar international, allerdings überwiegen Master- und Doktorarbeiten US-amerikanischer, kanadischer und britischer Universitäten sehr stark. Für Sie von Interesse ist das Teilpaket *Social Sciences*, welches sich über die Bereiche Soziologie, Psychologie, Kommunikationswissenschaften, Politikwissenschaften, Kriminologie, Pädagogik und Sprachwissenschaften erstreckt. Grundsätzlich funktioniert das Angebot analog zu den sonstigen Proquest-Datenbanken (inklusive indexierten Zitationen). Als sinnvolle Ergänzungen beinhaltet die PQDT die Suche nach *Name der Bildungseinrichtungen* und *Doktorvater*. Für die thematische Suche werden die Kategorien *Themenname, Klassifizierung* und *Identifikator/ Schlüsselwort* in der erweiterten Suche angeboten. In der **Volltextversion** der Datenbank können Sie zudem die Volltexte durchsuchen und direkt auf PDF-Fassungen zugreifen, was in der Summe zu einer immensen Informationsfülle führt.

Weitere Datenbanken für die Suche nach Hochschulschriften
PQDT Open:
Gleicher Funktionsumfang wie obige PQDT, allerdings abgespeckter Inhalt (nur Open Access-Publikationen).
Electronic Theses Online Service (EThOS):
Angebot der British Library mit Nachweisen zu rund 250 000 Hochschulschriften, geringer Anteil an Volltexten, Suche nur über Stichwörter sinnvoll.
Index to Theses:
Lizenzpflichtiges Angebot; weist etwa 570 000 Hochschulschriften aus Großbritannien und Irland nach, davon 10 % Volltexte.
Networked Digital Library of Theses and Dissertations (NDLTD):
Verbundkatalog mit Schwerpunkt auf Nordamerika, insgesamt etwa 1,8 Millionen Nachweise, eingeschränkte Suchmöglichkeiten.

Als Ergänzung zur oben genannten IBZ kann die Datenbank **Periodicals Index Online** (PIO) angesehen werden: Hier werden über 6000 Zeitschriften der **Geistes- und Sozialwissenschaften** in der Regel von der ersten Ausgabe bis höchstens 1995 nachgewiesen, d. h. neuere Artikel sind in PIO nicht verzeichnet. Insgesamt entspricht dies mehr als 20 Millionen Nachweisen zu Zeitschriftenartikeln. Allerdings lässt sich der großen Menge kaum Herr werden, da der einzige inhaltliche Filter in der Zuordnung der Zeitschriftentitel (nicht aber der Artikel) zu einzelnen Themen besteht. Ansonsten sind die Facettierungs- und Exportmöglichkeiten mit denen *der großen Sechs* vergleichbar. Gerade für eine interdisziplinäre Suche sind IBZ und PIO interessant, wenngleich auch die klassischen Fachdatenbanken in den letzten Jahren anfingen, über ihren disziplinären Tellerrand zu schauen. Der wahre Wert von PIO kristallisiert sich erst durch die Möglichkeit heraus, in die Schwesterdatenbank **Periodicals Archive Online** (s. Kap. 7.3) und auf die Volltextdatenbank **JSTOR** (s. ebd.) zu verlinken und somit den direkten Zugriff auf einen respektable Sammlung an Volltexten zu erhalten.

Können Sie sich noch an den Katalog GVK-Plus aus dem ersten Kapitel erinnern? Genau der, der Nachweise zu Büchern und Artikeln unter einer Oberfläche anbietet. Ein Bestandteil des Kataloges ist die Datenbank **Online Contents** (OLC), in der etwa 35 Millionen Aufsatzdaten gespeichert sind. Keine Bange, vieles ist für unsere Recherche entbehrlich, da der quantitative Schwerpunkt auf den Naturwissenschaften liegt. Dafür bietet OLC auch **Fachausschnitte** an, die in der Regel dem Zuschnitt der **Sondersammelgebietsbibliotheken** entsprechen. Es werden zu den Politikwissenschaften etwa 940 000, aus den Sozialwissenschaften etwa 380 000 **Aufsatzdaten** nachgewiesen. Großteils entstammen diese dem Zeitraum ab etwa 1990. Wenngleich die Anzahl der ausgewerteten Zeitschriften geringer ist als bei den großen Fachdatenbanken, sind durchaus Unterschiede in der inhaltlichen Abdeckung vorhanden. Daher ist es ratsam, die OLC mit in die Suche zu integrieren. Leider ist eine **thematische Suche** in OLC **nicht sinnvoll** durchführbar, da die Schlagwörter nur die Zeitschriftentitel, nicht jedoch die Artikelebene umfassen und auch die Suche über *Alle Themen* und die *Basisklassifikation* nur eingeschränkt funktioniert. Allerdings: Wenn Sie über die Stichwortsuche interessante Treffer erhalten haben, bieten Ihnen die OLC eine Art thematische Filtermöglichkeit auf Stichwortbasis am linken Bildrand. Hier können Sie im Anschluss weitere geeignete Treffer finden. Die Volltextbeschaffung erfolgt entweder über Linkresolver oder auch über den Dokumentlieferdienst *subito* (s. Kap. 15). Praktischerweise werden hierzu die notwendigen bibliographischen Angaben automatisch in ein Bestellformular übernommen.

> Für jede Disziplin etwas: Online Contents Datenbanken

5.2 Sonderform: Zitationsdatenbanken

Wir haben im Basics-Kapitel schon vereinzelt Begriffe wie *Zitiert von*, *Zitierte Referenzen* oder *Anzahl der Zitierungen* gelesen, nun wollen wir uns mit dem Komplex Zitationen nochmals etwas detaillierter befassen. Generell werden in Zitationsdatenbanken zu jedem Datensatz (zumeist ein Zeitschriftenartikel) die darin zitierten Informationsquellen aus dem Literaturverzeichnis mit aufgeführt. Idealtypisch lässt sich

> Zitationsdatenbanken

somit ausgehend von einem Einzeltreffer (aggregiert auch bei Themen oder Disziplinen) in der Datenbank ein Zitationsnetzwerk mit zig Querbezügen darstellen.

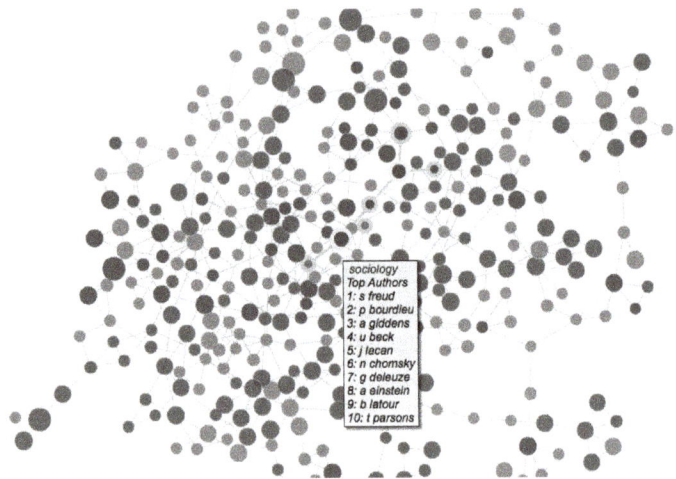

Abb. 18: Disziplinäres Zitationsnetzwerk auf Basis von Google Scholar-Daten, erstellt mit Scholarometer (http://scholarometer.indiana.edu/, Stand: 5. 3. 12)

Sucharten
in Zitations-
datenbanken Ist einer der Knoten (Datensatz) für Sie interessant, dann dürften die unmittelbar umliegenden Knoten ebenso von Interesse sein. Ergo: Finden Sie einen geeigneten Treffer in der Datenbank, können Sie relativ leicht über Zitationen weitere Treffer finden. In Zitationsdatenbanken können Sie auf dreierlei Art suchen:

- Die **retrospektive Suche** (*Cited References*) führt zu Trefferlisten, die die zitierten Titel zu einem Artikel enthalten. Diese Artikel sind früher erschienen und stehen in einem (inhaltlichen) Zusammenhang zum Datensatz.
- Die **prospektive Suche** (*Times Cited*) führt zu Publikationen, die den ursprünglichen Artikel zitieren. Diese sind später erschienen und stehen natürlich ebenso in einem (inhaltlichen) Zusammenhang.
- Die **Suche nach verwandten Titeln** (*Related Articles/Records*) führt zur Liste mit früher oder später erschienenen Titel, die zumindest teilweise auf die gleichen Titel wie der ausgewählte Treffer verweisen. Je größer die Übereinstimmung bei den Referenzen, desto höher die Wahrscheinlichkeit einer inhaltlichen Überschneidung.

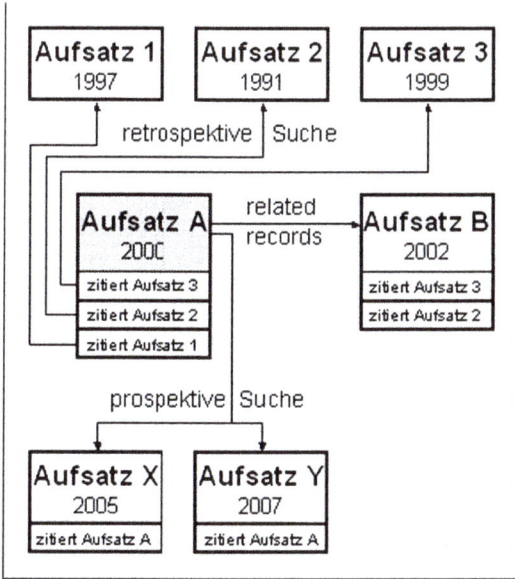

Abb. 19: Sucharten in Zitationsdatenbanken

Der Klassiker der Zitationsdatenbanken ist das **Web of Science** mit seinen Bestandteilen

- *SCI: Science Citation Index* (ab Berichtszeitraum 1945),
- *SSCI: Social Sciences Citation Index* (ab 1956),
- *AHCI: Arts & Humanities Citation Index* (ab 1975),
- *Conference Proceedings Science* (ab 1990),
- *Conference Proceedings Social Science & Humanities* (ab 1990).

Bestandteile des Web of Science

In dem für Ihre Recherche maßgeblichen **SSCI** werden über 3000 zumeist englischsprachige und gemessen an der **Zitationsrate** (Grundthese: je höher deren Wert, desto höher die Relevanz) die vermeintlichen **Kernzeitschriften** eines Faches ausgewertet und 58 Kategorien zugeordnet, u.a. *Criminology, Cultural Studies, Demography, Family Studies, Gerontology, International Relations, Political Science, Public Administration, Social Work, Sociology, Urban Studies, Women's Studies*. Dies kann insofern wichtig sein, da das Web of Science **keine thematische Recherche** auf Basis eines Thesaurus kennt. Angeboten wird lediglich eine *Topic Search* (Stichwortsuche), die die Kategorien *Title, Abstract* und *Keywords* durchsucht. *Keywords* werden hierbei automatisch aus den Titeln der zitierten Artikel erzeugt. Die Suche erfolgt immer mit englischen Begriffen, da auch nicht-englische Titel übersetzt werden (aus *nachholende Entwicklung* wird *sustainable development*).

Außerdem ist die Suche nach Autoren generell ohne Langform der Vornamen und maximal mit trunkierten Initialen durchzuführen, z. B. *Schneider G** für *Schneider, Gerald*.

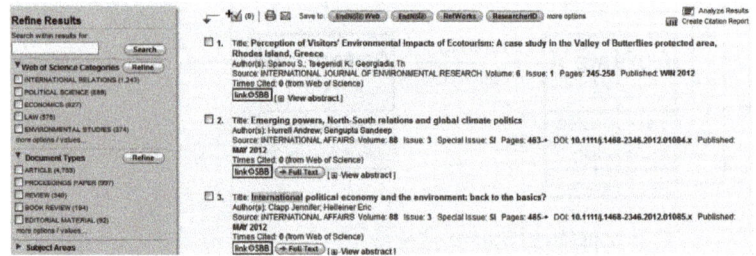

Abb. 20: Kurztitelanzeige im Web of Science (Stand: 5. 3. 12)

Die **Ergebnisanzeige** folgt dann wieder der Ihnen geläufigen Facettierung (*Refine Results*), ergänzt um spezifische Funktionen in der Ergebnisliste bzw. bei einzelnen Treffern:

Komplexe Ergebnisanzeige im Web of Science

- *View Web Results* führt zu Internetquellen aus dem Webkatalog Scientific Web Plus. Die Relevanz der Links ist teilweise unverständlich.
- *Analyze Results* und *Create Citation Report* ermöglichen die Trefferanalyse, z. B. nach den oben genannten Kategorien.
- *Times Cited* führt zu jüngeren Artikeln, die den Treffer zitieren.
- *References* weist die im Treffer aufgeführte ältere Literatur nach.
- Mit *Create Citation Alert* kann ein Benachrichtigungsdienst zu neuen, den Treffer zitierenden und im *Web of Science* indexierten Artikel eingerichtet werden.
- *Citation Map* stellt die Zitationsbeziehungen graphisch dar.

Die Export-, Verlinkungs- und Personalisierungsfunktionen ähneln auch hier abermals denen der Fachdatenbanken.

Zusammenfassend liegen die **Vorteile** bei Zitationsdatenbanken wie dem Web of Science im großen Datenbestand an Kernzeitschriften, der neben der Recherche nach relevanter Literatur auch im Rahmen von Zitationsanalysen zur Ermittlung von Forschungsentwicklungen und mit Forschungsthemen in Verbindung stehenden Autoren, Institutionen oder Zeitschriften dient. Die **Nachteile** sind unter anderem in der bisher noch mangelnden internationalen Ausrichtung der Quellenauswahl und der erst in den Anfängen befindlichen Auswertung monographischer Literatur zu verorten. Bei aller **Kritik** über die Aussagekraft einer quantitativen Zitationsanalyse basierend auf einer Datenbank, die vorwiegend angloamerikanische Zeitschriftenartikel indexiert, ist jedoch zu beobachten, dass gerade **Dozenten**, die empirisch arbeiten und auf Englisch publizieren, den SSCI als die **wichtigste Informationsressource** für die Politik- und Sozialwissenschaften einschätzen.

Folgende Angebote, obgleich nicht unbedingt auf dem Qualitätsniveau des Web of Science, ermöglichen Ihnen auch die Suche nach Zitationen bzw. weisen Zitationen in den Treffern nach:

- **Zitationsdatenbank:** Scopus als direktes Konkurrenzprodukt zum Web of Science,
- **Fachdatenbanken:** SocINDEX, ProQuest-Datenbanken (Sociological Abstracts, IBSS, WPSA, PAIS),
- **Wissenschaftliche Suchmaschinen:** Google Scholar und Google Books, Microsoft Academic Search, CiteSeer,
- **Volltextarchiv:** Data for Research.

Weitere Datenbanken mit Zitationen

5.3 Spezielle Aufsatzdatenbanken für den speziellen Bedarf

Es existiert eine unüberschaubare Anzahl weitere Datenbanken für die Politik- und Sozialwissenschaften sowie zu einzelnen Teilgebieten. Eine Auswahl ist oft wie das sprichwörtliche Suchen der Nadel im Heuhaufen. Neben dem Blick in DBIS und CompletePlanet lohnt auch das *Gale Directory of Database*, welches zumeist nur in Printform in gut sortierten Bibliotheken erhältlich ist.

Wir wollen kurz eine Handvoll weiterer Aufsatzdatenbanken auflisten, die aufgrund ihrer gelungenen Spezialisierung **für einzelne Teildisziplinen** fast unentbehrlich sind.

Spezielle Aufsatzdatenbanken

International Political Science Abstracts (IPSA)

Durchaus mit einer gewissen Berechtigung, auch unter *den großen Sechs* aufzutauchen, findet sich IPSA aufgrund des engen Fokus auf die Politikwissenschaft inklusive Internationale Beziehungen und Völkerrecht und der Tatsache, dass im Vergleich zu IBSS, WPSA und PAIS nur sehr wenige deutschsprachige Bibliotheken über eine Lizenz verfügen, hier in diesem Kapitel wieder. Der Inhalt umfasst etwa 280 000 Artikel aus Zeitschriften und Jahrbüchern, etwa 95% davon sind englischsprachig. Alle Artikel werden verschlagwortet und zwar nach dem Thesaurus-Vokabular, welches dem politikwissenschaftlichen innerhalb der IBSS entspricht. Zusätzlich beinhaltet IPSA noch eine Klassifikation mit den sechs Teilen *Political science: method and theory, Political thinkers and ideas, Governmental and*

IPSA für die Politikwissenschaften

administrative institutions, Political process: public opinion, attitudes, parties, forces, groups et elections, International relations, National and area studies.

Urbadoc

Diese Datenbank ist die entscheidende Ressource für die Stadt- und Regionalforschung. Als Produkt eines europäischen Zusammenschlusses von fünf Datenbankproduzenten stellt sie unter einer Oberfläche folgende Angebote bereit:

- Acompline und Urbaline (Greater London Authority, Großbritannien),
- Docet und Bibliodata (Archinet, Italien),
- ORLIS, (Deutsches Institut für Urbanistik, Deutschland),
- Urbamet, Pascal und Francis (Association Urbamet und INIST, Frankreich),
- Urbaterr (Centro de Información y Documentación Científica, Spanien).

Die bibliographische Datenbank beinhaltet etwa 700 000 Literaturhinweise, zu denen teilweise Abstracts angeboten werden. Der Berichtszeitraum beginnt ab 1970. An Publikationsarten sind Zeitschriftenaufsätze und Bücher sowie Dissertationen, Konferenz- und Forschungsberichte sowie sonstige graue Literatur wie Gutachten, Pläne und Karten enthalten. Ein großer Vorteil im deutschen Teilbestand **ORLIS** ist die sehr feingliedrige Erschließung durch einen gemeinsamen Thesaurus und durch eine Fachklassifikation, über die ein hierarchischer Sucheinstieg möglich ist. Das Angebot an Volltexten ist gering, ein Linkresolver zur automatischen Weiterleitung in den eigenen Bibliotheksbestand wird angeboten. Alternativ gelingt die Dokumentenbeschaffung über eine Kontaktaufnahme zu den bestandsführenden deutschen Spezialbibliotheken der Stadt- und Regionalforschung, die bei jedem Datensatz mit angegeben werden. Es soll nicht verschwiegen werden, dass nur wenige Bibliotheken überhaupt einen lizenzierten Zugang zu Urbadoc anbieten und die Antwortzeiten der Datenbank oftmals aufgrund technischer Unzulänglichkeiten sehr lange sein können.

Social Services Abstracts/Applied Social Sciences Index and Abstracts

Für die Suche nach aktueller Literatur aus den Bereichen Sozialpädagogik, Sozialarbeit oder Sozialpolitik jenseits des deutschen Sprachraumes lohnt ein Blick in die Social Services Abstracts. In ihr sind etwa 150 000 Datensätze aus etwa 1300 Zeitschriften, Dissertationen und Buchrezensionen des englischsprachigen Raumes ab 1980 verzeichnet. In ähnliche Richtung zielen auch die **Applied Social Sciences Index and Abstracts** (ASSIA), die thematisch auch die Teilbereiche Politik, Wirtschaft und Bildung abdecken und eine internationalere Ausrichtung verfolgen. Beide Angebote werden wiederum von ProQuest vertrieben und unterscheiden sich in der Funktionalität nicht von den anderen hier vorgestellten Datenbanken.

Ariadne

Die bibliographische Datenbank Ariadne ist Teil eines Fachportals für Frauen- und Geschlechterforschung der Österreichischen Nationalbibliothek (ÖNB). Sie verzeichnet umfangreich vorwiegend deutsche und englische Zeitschriftenartikel sowie Bücher, eingeschränkt auch französische, spanische und italienische Literatur, die sich im Besitz der ÖNB befinden. Dies bedeutet, dass es sich um eine Auswahl des tatsächlichen Publikationsaufkommens in den Gender Studies handelt, allerdings mit einer guten deutschsprachigen Erschließung über Schlagwörter gerade von Zeitschriftenartikeln, die sonst nur schwer aufzufinden wären. Die Datenbank ist als Fachausschnitt über das Bibliotheksportal der ÖNB zugänglich.

Ariadne für Gender Studies

Abschließend sei noch auf ein Bündel von Datenbanken des Anbieters EBSCO verwiesen. Diese Spezialdatenbanken werten mit internationaler Ausrichtung hoch spezielle Forschungsliteratur aus, die Sie so in den großen Angeboten nicht finden werden. Die Datenbestände umfassen oftmals nicht mehr als 40–50 000 Datensätze, sind ausschließlich englischsprachig, dafür jedoch mit einer detaillierten inhaltlichen Erschließung ausgestattet. Zugänglich sind diese Angebote für Einzelpersonen mit Wohnsitz in Deutschland über ein *Pay-per-use*-Verfahren nach vorheriger Registrierung bei der Bayerischen Staatsbibliothek München. Die Registrierung erfolgt online, Ihre Zugangsdaten (Kennung und Passwort) erhalten Sie per Post. Nach Erhalt Ihrer Daten können Sie für einen bestimmten Zeitraum in diesen Datenbanken recherchieren. Das anfallende Entgelt wird Ihnen im Anschluss in Rechnung gestellt. Zum Angebot gehören:

EBSCO-Spezialdatenbanken für einzelne Teilgebiete

- Abstracts in Social Gerontology,
- Family Studies Abstracts,
- Gender Studies Database,
- Peace Research Abstracts,
- Public Administration Abstracts,

- Race Relations Abstracts,
- Urban Studies Abstracts,
- Violence & Abuse Abstracts.

6 Fachportale für Politik- und Sozialwissenschaften

Fachportale

Vielleicht denken Sie sich: „Welche Ressourcen könnte ich eigentlich jetzt noch benötigen?" Es existieren noch einige gute Ressourcen, deren Erkundung sich lohnt, beispielsweise Fachportale (auch **Virtuelle Fachbibliotheken** genannt). Sie bieten Ihnen einen zentralen Einstieg für die Fachrecherche und vereinen unabhängig von der Publikationsform unterschiedliche nationale und internationale Angebote unter einem Dach. Durch finanzielle Unterstützung der Deutschen Forschungsgemeinschaft (DFG) entstanden und umgesetzt durch die bereits erwähnten Sondersammelgebietsbibliotheken wie auch durch Fachinformationseinrichtungen und Spezialbibliotheken, ermöglichen die Portale eine gleichzeitige Suche über verschiedene Datenbestände wie Bibliothekskataloge, Fachdatenbanken, Volltextdatenbanken und relevante Webseiten. Häufig auftretende Module der Fachportale sind:

- **Fachkatalog**, der den Bestand der betreibenden Bibliothek(-en) beinhaltet,
- **(Meta-)Suche** über mehrere Kataloge und Fachdatenbanken, sofern dies die Lizenzbestimmungen der Anbieter zulassen,
- Von Experten erstellte **Fachinformationsführer**, die eine Linksammlung relevanter und inhaltlich erschlossener Websites darstellt.

Daneben existieren gegebenenfalls weitere Module, z. B. elektronische Dokumentensammlungen, Rezensionen, Personen- und Adressverzeichnisse, Stellenangebote, Veranstaltungsankündigungen, Online-Lernplattformen oder Informationsdienste (Blogs, Neuerwerbungslisten, Newsletter, RSS-Feeds). Wenngleich Bibliotheken vermehrt mittlerweile komfortable Discovery Interfaces (s. Kap. 4.1.2) mit ähnlichen Suchmöglichkeiten anbieten, können für die Politik- und Sozialwissenschaften die Portale sowiport, Vifapol und IREON durchaus eine Alternative jenseits des eigenen Bibliotheksstandorts darstellen, da Sie hier ein fachliches Komplettangebot aus Katalogen, Fachdatenbanken und Internetressourcen erhalten.

sowiport

Das Fachportal sowiport wird von mehreren Informationseinrichtungen (u. a. Sondersammelgebiet Soziologie der USB Köln, Wissen-
schaftszentrum Berlin für Sozialforschung Deutsches Zentrum für
Altersfragen, Deutsches Zentralinstitut für soziale Fragen) unter Füh-
rung von GESIS, Leibniz-Institut für Sozialwissenschaften betrieben.
Außer ihren eigenen Datenbeständen sind über eine Metasuche auch
ProQuest-Datenbanken (z. B. PAIS, WPSA, Sociological Abstracts) und
Bestandteile der WISO-Datenbank (SOLIS, SOFIS) durchsuchbar. Dies
bedeutet zwar, dass ein Großteil unserer wichtigen Datenbanken (vgl.
Kapitel Basics) darin enthalten ist, allerdings ist die Vollanzeige von
Datensätzen der ProQuest-Datenbanken aus lizenzrechtlichen Gründen erst nach Registrierung bzw. nur über eine am Lizenzmodell beteiligte Bibliothek möglich. Fragen Sie daher unbedingt an Ihrer Bibliothek nach den genauen Modalitäten. Falls Sie Erfolg haben, können
Sie nach 7 Millionen Literaturnachweisen, 50 000 Forschungsprojek-
ten, 9000 Institutionen und jeweils 5000 Veranstaltungen und Studien
recherchieren.

Alle Datensätze sind in sowiport entweder thematisch mit Schlagwörtern bzw. Klassifikationen erschlossen, oder es werden Kurzbeschreibungen mitgeliefert. Gerade die Benutzung des etwa 12000
Begriffe umfassenden **Thesaurus Sozialwissenschaften** ist in zweierlei Hinsicht zu empfehlen. Einerseits ist der Thesaurus viersprachig
(deutsch, englisch, französisch, russisch), so dass die Übersetzungs-
arbeit von Suchbegriffen entfallen kann. Andererseits haben wir gelernt, dass Metasuchen über mehrere Datenbanken das Problem der
Nivellierung der einzelnen Suchmöglichkeiten zugunsten einer gemeinsamen abgespeckten Suchfunktionalität mit sich bringen können. Zur Umgehung dieser Problematik bietet sowiport im Thesaurus
die Funktion *Crosskonkordanz* an, in der Begriffe gleicher Bedeutung
aus unterschiedlichen Thesauri verbunden werden, und die die integrierte inhaltliche Suche über verschiedene Datenbanken erst sinnvoll
werden lässt.

sowiport

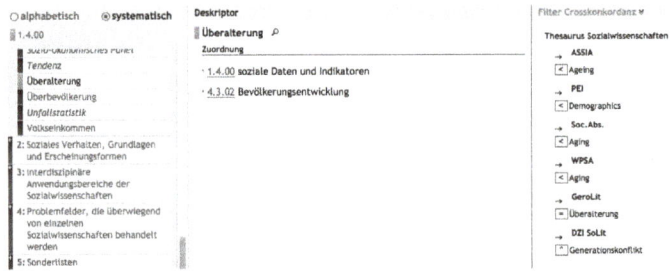

Abb. 21: Deskriptor Überalterung (Mitte) aus Thesaurus Sozialwissenschaften mit alternativen Deskriptoren aus weiteren Thesauri (rechts) (Stand: 5. 3. 12)

In der übersichtlichen und ansprechend gestalteten Trefferanzeige befinden sich neben den Titel-Angaben auch Informationen zur Dokumentbeschaffung, zu den Personalisierungsfunktionen und zum Datenexport. Lohnenswert ist auch ein Blick in den Menüpunkt *Themen*, der zu aktuellen Forschungsthemen Trefferlisten aus sowiport bereitstellt. Für Sie werden unter *Recherche spezial* diese Nachweise mit Kurzzusammenfassungen bereitgestellt, ganz im Sinne einer Fachbibliographie zu aktuellen Publikationen und Projekten. Zudem beinhaltet sowiport die Bestände des Dokumentenservers **Social Science Open Access Repository** (SSOAR) mit etwa 20 000 Volltexten aus den Sozialwissenschaften.

ViFaPol

ViFaPol

Quasi das Gegenstück zu sowiport für die Politikwissenschaften stellt das Portal ViFaPol dar. Betrieben durch die Sondersammelgebietsbibliothek in Hamburg vereint es unter einem Dach 20 Kataloge und Datenbanken, auch einige Spezialkataloge wie beispielsweise die der Bibliothek der Friedrich-Ebert-Stiftung, des Max-Planck-Instituts für Gesellschaftsforschung, der Hessischen Stiftung Friedens- und Konfliktforschung und des Deutschen Instituts für Menschenrechte. Durch diese Integration können die Kataloge simultan durchforstet werden. Für Sie sind vorwiegend folgende Ressourcen hier von Bedeutung:

– Fachinformationsführer Politikwissenschaft und Friedensforschung mit mehreren Tausend Nachweisen relevanter Internetressourcen, Zeitschriften und Datenbanken,
– SSG-OPAC Politikwissenschaft und Friedensforschung, da die Hamburger den größten Bestand an politikwissenschaftlicher Literatur für Sie über Fernleihe (s. Kap. 15) bereit stellen,
– Die Aufsatzdatenbanken Online Contents Politikwissenschaft/Friedensforschung und Zeitgeschichte, in denen Sie auf Stich-

wortbasis in den Inhaltsverzeichnissen von über 1000 Zeitschriften suchen,

– World Affairs Online als Aufsatzdatenbank der Internationalen Beziehungen und der Länderkunde (Näheres s. u.),

– Internationale Bibliographie der Sozialwissenschaften (IBSS), Ihnen wohl vertraut aus dem ersten Kapitel. Da der Zugang zur IBSS lizenzpflichtig ist, erfolgt die Integration in die parallele Suche erst, nachdem Sie über das Rechnernetz einer lizenznehmenden Einrichtung eingeloggt sind.

Zusätzliche Schmankerln jenseits der eigentlichen Literatursuche liefern Ihnen weitere Services von ViFaPol:

Zusatzfunktionen in ViFaPol

– Neuerwerbungslisten des Sondersammelgebietes, welche auch in **LibraryThing,** einer Web 2.0-Anwendung zur kooperativen Verzeichnung von Medien, angeboten werden. Sie bleiben also immer auf dem Laufenden, was in den Politikwissenschaften publiziert und von der Bibliothek angeschafft wird.

– Das Weblog *ViFaPolBlog* informiert regelmäßig über Neuerscheinungen, gute Internetangebote, Veranstaltungen und sonstiges Interessante rund um die Politikwissenschaften.

– Das *Online-Tutorial politikwissenschaftlich recherchieren*, das durchaus eine Ergänzung zum Buch in Ihren Händen sein kann.

– Der Volltextserver *eDoc.ViFaPol*, über den Sie auf etwa 3500 Publikationen der Politik- und Verwaltungswissenschaften zugreifen können. Alternativ gelingt die Suche auch über die Ihnen bekannte Suchmaschine BASE, die den Datenbestand des Volltextservers mit indexiert.

So schön Fachinformationsführer (siehe oben) als manuell erstellte Verzeichnisse von Internetquellen einst sein konnten, muss leider heutzutage attestiert werden, dass sie gelegentlich nicht den aktuellsten möglichen Datenbestand vorhalten. Dieses Modul virtueller Fachbibliotheken scheint sich generell überlebt zu haben, wie auch das Verschwinden von Webverzeichnissen der großen Suchmaschinenbetreiber wie Google oder Yahoo zeigt.

Ein weiteres fächerübergreifendes Portal stellte das britische **intute** dar. Im Gegensatz zur Zerstückelung in viele verschiedene Fachinformationsführer unter dem Dach virtueller Fachbibliotheken bestritt Großbritannien den Weg der Zentralisierung. Hier suchen Sie über den gesamten Datenbestand an qualitativ bewerteten Internetquellen oder über eine Browsing-Struktur. Obwohl intute seit Mitte 2011 nicht

intute

weiter gepflegt wird, finden sich darin durchaus geeignete Webfundstücke.

Infomine

Für den US-amerikanischen Raum ist **Infomine** als Virtuelle Bibliothek zu nennen. Das von der University of California gepflegte Angebot verzeichnet fächerübergreifend Internetquellen des akademischen Webs, die über eine komfortable Suchoberfläche durchsuchbar sind.

IREON

IREON

Das Fachportal IREON widmet sich den Internationalen Beziehungen und der Länderkunde. Träger ist der Fachinformationsverbund Internationale Beziehungen und Länderkunde (FIV), in dem renommierte außen-, sicherheits- und entwicklungspolitische Forschungsinstitute zusammen geschlossen sind.

Das Portal erlaubt neben der Suche nach wissenschaftlichen Publikationen auch die nach Studien, amtlichen Veröffentlichungen und internationalen Abkommen. Simultan kann über sechs Datenbanken gesucht werden. Allerdings ist der Nutzen dadurch eingeschränkt, dass auch hier analog der lizenzrechtlichen Regelungen innerhalb von sowiport erst eine Anmeldung bzw. Registrierung oder gar der ortsgebundene Zugriff über Ihre Bibliothek notwendig ist, sofern es sich um Ergebnisse aus den Datenbanken WPSA und PAIS handelt. Die Titelanzeige führt zur Verfügbarkeitsrecherche in nationalen Katalogen (KVK und EZB), zum Dokumentlieferdienst subito (s. Kap. 15) bzw. direkt zu einem frei zugänglichen Volltext.

Eine Besonderheit ist die Einbindung des neunsprachigen *Thesaurus on International Relations and Area Studies*, in dem etwa 8200 Deskriptoren alphabetisch und systematisch geordnet sind. Obwohl für die Suche eigentlich nur das Icon hinter dem deutschsprachigen Schlagwort von Bedeutung ist, bietet die Anzeige der Übersetzungen der Schlagwörter in einem anderen Kontext gegebenenfalls einen Mehrwert.

Der große Vorteil von IREON ist indes die Einbindung der Datenbank **World Affairs Online** (WAO) in die Metasuche, da es sich hier um die größte Datenbank aus dem Bereich der Internationalen Beziehungen handelt, die mit einer tiefen Medienerschließung mittels Schlagwörtern auf Basis des obigen Thesaurus aufwarten kann. Die Literaturnachweise entstammen aus Zeitschriften, Büchern, Internetveröffentlichungen und grauer Literatur.

Weitere nützliche Fachportale aus anderen Disziplinen

Inzwischen existieren für fast alle Disziplinen eigene Fachportale. Einen guten Überblick über die Sammelschwerpunkte an deutschen Bibliotheken inklusive deren Fachportale erhalten Sie über **Webis**, das Informationsportal der Sondersammelgebietsbibliotheken. Für die Informationsrecherche in den Politik- und Sozialwissenschaften

bieten sich Anknüpfungspunkte in folgenden virtuellen Fachbibliotheken:
- EVIFA – Virtuelle Fachbibliothek Ethnologie,
- Virtuelle Fachbibliothek Psychologie,
- Fachportal Pädagogik,
- EconBiz – Virtuelle Fachbibliothek Wirtschaftswissenschaften,
- Virtuelle Fachbibliothek medien buehne film,
- historicum.net – Geschichtswissenschaften im Internet,
- Clio-online – Fachportal für die Geschichtswissenschaften,
- Virtuelle Fachbibliothek Recht.

7 (Direkte) Wege zum (digitalen) Volltext

Wir wollen die eierlegende Wollmilchsau: Alles in einem Angebot, frei zugänglich, inhaltlich komplett durchsuchbar, saubere bibliographische Angaben, Zugriff auf Volltexte und am liebsten noch mit indexierten Zitationsbeziehungen. Gibt es das? Nein! Deshalb gilt es bei jedem Angebot, Abstriche zu machen. Während wir bisher Ressourcen behandelten, die mit wenigen Ausnahmen auf den möglichst umfassenden Nachweis der publizierten Literatur fachlicher oder fächerübergreifender Art fokussieren, widmen wir uns nun dem Bereich digitaler Angebote, die den Zugriff auf das Dokument (oder auf Teile dessen) in den Vordergrund stellen und nicht in erster Linie auf eine möglichst breite oder tiefe thematische Abdeckung abzielen.

Unterschied zwischen bibliographischen und Volltext-Datenbanken

Vorab noch **zwei Hinweise**, die zum Verständnis der Angebote wichtig sind:
1. Wissenschaftliche Arbeiten unterliegen dem Schutz des Urheberrechts und damit auch einem Verwertungsrecht, welches vom Autor oftmals an einen Verlag abgetreten wird. Dieses Urheberrecht erlischt in der Regel erst 70 Jahre nach dem Tod des Autors und die Werke werden gemeinfrei. Dies bedeutet, dritten Parteien ist es ohne vertragliche Grundlage nicht erlaubt, Texte ins Netz zu stellen. Aus diesem Grund ist neue Literatur (Bücher oder Artikel) oftmals nur über die Verlage bzw. über lizenzpflichtige Angebote abrufbar.
2. Die Informationstechnologie erlaubt Lösungen, die gegebenenfalls zwar nicht den gesamten Volltext zum Download bereit stellen, sondern vielleicht nur einzelne Teile oder Kapitel, oder nur die erste(n) Seite(n), oder ein Abstract, oder nur Metadaten wie Autor, Titel, Quelle, oder etwa nur das (An-)Lesen am Bildschirm ermöglichen, nicht jedoch den Download. Die Heterogenität der Umsetzungen ist beinahe unbegrenzt.

Wichtige Akteure bei der Bereitstellung digitaler Angebote im Netz sind heutzutage nicht nur Verlage oder Datenbankproduzenten, also die ursprünglichen Vertriebsmonopolisten wissenschaftlicher Literatur, sondern zunehmend auch die Autoren selbst sowie Bibliotheken, Stiftungen, Fachgesellschaften, Privatpersonen oder neue Marktteilnehmer jenseits klassischer Verlagshäuser wie Amazon oder Google. Wenn Sie sich jetzt noch vor Augen führen, dass sich manche dieser Akteure ausschließlich auf Bücher oder Zeitschriften, auf historische Materialien oder modernes Schrifttum konzentrieren, erahnen Sie das Informations-, Recherche- und Zugriffschaos, das sogar Profis verzweifeln lässt.

Wir werden im Folgenden eine Stichprobe dem Chaos entnehmen, immer unter dem Aspekt des spezifischen Mehrwertes für Ihre Recherche bzw. für Ihren Zugriff auf den Volltext. Die Produzenten sind sowohl im kommerziellen als auch im non-profit-Bereich zu verorten. Sie werden ferner sehen, dass einzelne Anbieter teilweise verschiedene Publikationsformen (Buch und Artikel) unter einer Oberfläche vereinen.

7.1 Digitale Bibliotheken

Fächerübergreifende Ressourcen

zvdd für
historisch
orientierte
Forschung

Das **Zentrale Verzeichnis Digitalisierter Drucke** (zvdd) ist das zentrale Nachweisportal für (Retro-)Digitalisate von Printwerken aus Deutschland. Der Zeitraum reicht vom 15. Jahrhundert bis in die Gegenwart, wobei der Schwerpunkt mengenmäßig auf dem 18. und 19. Jahrhundert liegt. Der Gesamtumfang beträgt etwa 750 000 Titel, davon sind knapp 100 000 Titel aus dem 20. und 21. Jahrhundert. Offensichtliche inhaltliche Schwerpunkte existieren hingegen nicht. Allerdings weist der zeitliche Fokus des zvdd auf einen Nutzen vorwiegend für historisch orientierte Thematiken hin. Unterschiedliche Suchmöglichkeiten erlauben die Suche in den Metadaten und auch nach einzelnen Aufsatztiteln (z. B. innerhalb eines Sammelwerkes), Inhaltsverzeichnissen oder Kapitelüberschriften, nicht jedoch nach inhaltlichen Kriterien (Schlagwörter, Klassifikation). Ein weiterer Nachteil oder bei großen Mengen gegebenenfalls auch ein Vorteil: Die Volltexte sind im zvdd nicht durchsuchbar. Dafür kann nach *Kollektionen/Sammlungen* gesucht werden, bei denen die einzelnen Digitalisate (im günstigsten Falle sachlich) zusammenhängen. Falls Sie hier eine interessante Kollektion finden, wechseln Sie über den angebotenen Link direkt in das Einzelangebot, da in diesen oftmals eine sachliche und Volltextsuche möglich sind.

Mittelfristig soll ergänzend zum zvdd die **Deutsche Digitale Bibliothek** (DDB) entstehen. In ihr sollen die digitalen Angebote von etwa 30 000 Kultur- und Wissenschaftseinrichtungen gebündelt werden. Neben digitalen Büchern werden auch Bilder, Musik, Filme und 3D-Aufnahmen präsentiert werden. Auf europäischer Ebene existiert mit **Europeana** schon ein zur DDB vergleichbares Angebot. Das Portal vereint die vielfältigen einzelstaatlichen digitalen Angebote, bietet die Suche ohne einen inhaltlichen Filter nach verschiedenen Medienarten und weiteren formalen Eingrenzungen an und vernetzt diese in virtuellen Ausstellungen oder thematischen Sammlungen zu neuen Angeboten. Jenseits dieser (supra-)staatlichen Anstrengungen bemühen sich auch Non-Profit- und kommerzielle Unternehmen um den Aufbau digitaler Universalbibliotheken.

HathiTrust als eine der größten digitalen Bibliotheken ist durch den Zusammenschluss von etwa 60 Einrichtungen, vorwiegend US-amerikanischer Hochschulen und Bibliotheken, entstanden. Ganz im Sinne eines Universalangebotes existiert keine Festlegung auf bestimmte Zeiten, Sprachen, Themen oder Medienarten. Eine übersichtliche Website mit detaillierten Suchmöglichkeiten führt zu zehn Millionen Medien, davon sind etwa 2,8 Millionen urheberrechtsfrei und ohne Weiteres auch von einem Rechner außerhalb der USA zugänglich. Der Rest ist *Limited (search-only)*. Als Suchmöglichkeiten wird sowohl eine *Catalog Search* über die Metadaten als auch eine *Full-text Search* angeboten. Beide enthalten in der erweiterten Ansicht die Suchkategorie *Subject* für die thematische Suche. Ein Index oder Thesaurus existiert hierzu nicht. Noch im Anfangsstudium bezogen auf die Nutzungszahlen befindet sich die Funktion *Collection*, mit der das Anlegen privater oder öffentlich einsehbarer Sammlungen auf Basis der in HathiTrust enthaltenen Medien möglich ist.

Die Trefferliste erlaubt weitergehende Filterungen (auch nach *Subjects*) und zeigt zudem ähnliche Treffer mit an. Falls Sie etwas mit *Limited* Gekennzeichnetes finden, lohnt ein Klick auf *Find in a Library*, welches auf den Titel im WorldCat führt, von dem Sie aus direkt in Ihrer Bibliothek die Verfügbarkeit des Titels ermitteln können. Wahlweise steht hier auch der HathiTrust WorldCat Local Prototyp zur Verfügung, der noch mehr Funktionalitäten bietet. Noch ein Wort: Falls Sie in HathiTrust Probleme haben mit dem PDF-Download urheberrechtsfreier Bücher (*Full view*), schauen Sie auch in Google Books nach dem PDF.

Europeana

HathiTrust

Google Books Womöglich die größte Universalbibliothek (man weiß ja nie, was alles in Google enthalten ist) findet sich unter dem Dach von **Google Books**. Die Inhalte speisen sich aus zwei Teilprojekten, dem Partner-Programm mit Verlagen und Autoren sowie dem Bibliotheksprogramm mit digitalisierten Buchbeständen mehrerer herausragender US-amerikanischer, japanischer und europäischer (Hochschul-) Bibliotheken (unter anderem Harvard, Stanford, Princeton, Cornell, Tokyo, Oxford, München, Madrid, Lyon, Wien). Hinzu kommen noch die bibliographischen Angaben von Büchern jenseits der zwei Teilprojekte. Diese sind dann allerdings nicht im Volltext, sondern nur über Titel, Autor, Schlagwörter und gelegentlich im Inhaltsverzeichnis oder in den Zusammenfassungen durchsuchbar. Google Books beinhaltet keine thematischen oder formalen Schwerpunkte. Sie finden darin neben Nachschlagewerken, Lehrbüchern oder wissenschaftlichen Fachbüchern auch Belletristisches, Sach- oder Kinderbücher.

Suche – **Suchoberfläche:**
Benutzen Sie die Erweiterte Suche, die ähnlich aufgebaut ist wie in Google Scholar, mit zwei wesentlichen Ausnahmen: Sie können entweder Bücher, Zeitschriften oder beide Formen zusammen durchsuchen. Unter Zeitschriften werden hier Publikumszeitschriften, nicht jedoch wissenschaftliche Journals verstanden. Die Suche kann auf vier verschiedene Anzeigeformen eingegrenzt werden:
1. *Alle Bücher* durchsucht den Gesamtbestand in Google Books.
2. *Eingeschränkte Vorschau und vollständige Ansicht* liefert den ganzen Volltext zum Treffer oder nur Textauszüge.
3. *Nur vollständige Ansicht* zeigt Ihnen Treffer mit dem gesamten Volltext an.
4. *Nur Google eBooks* ermöglicht Ihnen einen kostenlosen Download des Titels.

Das bedeutet auch, dass Ihre Treffermenge je nach Anzeigeform von *Alle Bücher* bis *Nur Google eBooks* stetig abnimmt.

Anzeige – **Trefferanzeige:**
In der Kurztrefferliste in Listenform wird Ihnen neben Buchcovern und bibliographischen Kurzangaben ein Textauszug mit Ihrem hervorgehobenen Suchbegriff angezeigt. Filtermöglichkeiten bestehen in der Kurztrefferliste nach Relevanz, Zeiträumen, Dokumentarten und Anzeigeformen, nicht jedoch nach Themen. Durch einen Klick kommen Sie zum eigentlichen Text, in dem Ihre Suchbegriffe gelb unterlegt sind. Hier finden Sie unter *Über dieses Buch* alle Funktionalitäten und angezeigten Informatio-

nen, die Google Books aufgrund automatischer Analyseverfahren
besonders machen:

Kurzzusammenfassungen, Volltextsuche innerhalb des Buches,
wenn vorhanden Rezensionen, ähnliche Bücher, ausgewählte Seiten, Inhaltsverzeichnis, häufige Begriffe und Wortgruppen, be-
liebte Passagen mit Angaben der zitierenden Werke, bei Ortsanga-
ben im Text Verknüpfungen zu Google Maps, Verweise auf dieses
Buch aus dem Bestand von Google Scholar, Referenzen von Webseiten, biographische Autorenangaben und *last but not least* die
bibliographischen Angaben (mit QR-Code und Exportmöglich-
keit). Dies ist für eine breit angelegte Recherche natürlich eine zu
große Informationsfülle, im Einzelfall jedoch erhalten Sie sinnvolle weiter führende Informationen.

**Informations-
universum
Google Books**

– Noch ein Wort zur **Textanzeige**:

Bei urheberrechtfreien Werken ist die Anzeige kein Problem, bei
Titeln aus dem Partner-Programm entscheiden die Rechteinhaber
(Verlag oder Autor), wie viel Text angezeigt werden darf. Deshalb
variiert der Umfang der angezeigten Texte teilweise sehr stark, im
Durchschnitt werden laut Google etwa 20% eines Werkes ange-
zeigt.

– **Export/Weiterverarbeitung:**

Export

Sie können von Google Books aus direkt ein Druckexemplar des
Werkes über die angeschlossenen Buchhandelsplattformen bezie-
hen. Google bietet hier eine Verlinkung zum Verlag und zu On-
line-Buchhändlern inklusive Preisvergleich an. Oder aber Sie benutzen die Funktion *In einer Bibliothek suchen*, die Sie zum World
Cat weiterleitet. Das Herunterladen von gemeinfreien Werken erfolgt über *E-BOOK KOSTENLOS*. In den USA ist dies für Bücher mit
Erscheinungsdatum vor 1923 möglich, ansonsten richtet sich der
mögliche Download nach den Urheberrechten der einzelnen Länder. Als Ausgabeformate werden PDF sowie mehrere Formate für
mobile Endgeräte (siehe auch *Google eBookstore*) angeboten. Die
Verfügbarkeit kostenpflichtiger Angebote ist zurzeit noch auf den
US-amerikanischen Nutzerkreis begrenzt. Google Books bietet zudem unter *Meine Bibliothek* Personalisierungsfunktionen, die das
Verfassen von Rezensionen, Bewertungen, Notizen sowie das Erstellen virtueller Bücherregale beinhalten.

Fazit: Google Books ist unter den Digitalen Bibliotheken **erste Anlauf-
stelle** für eine erfolgreiche Recherche, da hier in der Summe mehr Informationen als bei anderen Ressourcen geboten werden. Lassen Sie
uns jedoch nicht die **Nachteile** vergessen:

- Sie geben immer auch einen Teil Ihrer eigenen **Daten** preis, wenn Sie kommerzielle Produkte wie Google Books benutzen. Die Datengewinnung oder -ausbeutung stellt deren Geschäftsinteresse dar.
- Die **Qualitätsunterschiede** der digitalen Scans und der Metadaten zeigen eine erhebliche Streuung. Nicht immer erhalten Sie daher Informationen in einer sinnvollen und weiter benutzbaren Form.
- Einhergehend mit der **Informationsfülle** geht auch das Desiderat einer inhaltlichen **Filterfunktion** (z. B. Schlagwörter). Diese fehlt im Gegensatz zu anderen Digitalen Bibliotheken.

Weitere Digitale Bibliotheken
Open Library:
„Konkurrenzprojekt" zu Google Books, eine Kooperation des Internet Archive mit Yahoo und vorwiegend US-amerikanischer Bibliotheken, welches sich stärker an den urheberrechtlichen Bestimmungen orientiert, als dies bei Google der Fall ist.
Project Gutenberg:
der Pilot unter den digitalen Bibliotheken mit etwa 140 000 freien E-Books.
Wikisource:
Freie Volltextsammlung der Wikimedia Foundation mit 25 000 Werken im deutschen Teilbereich.

Fachbezogene Angebote

Digi20 ist ein besonderes Angebot für E-Books. Hier wurde das erste Mal in Deutschland durch die Zusammenarbeit der Deutschen Forschungsgemeinschaft mit der Bayerischen Staatsbibliothek und vier Verlagen die Möglichkeit geschaffen, urheberrechtlich geschützte Werke elektronisch und kostenfrei einer breiten Öffentlichkeit zur Verfügung zu stellen. Das Zwischenergebnis sind 4200 Bücher aus der zweiten Hälfte des 20. Jahrhunderts, unter anderem aus den Bereichen Politologie, Soziologie, Psychologie, Pädagogik und Wirtschaftswissenschaften. Um die Treffermenge variieren zu können, ist sowohl eine Suche nur in den Metadaten als auch über den gesamten Volltext möglich. Bei den Suchen helfen die automatischen Begriffsvorschläge während der Texteingabe. Für die thematische Suche stehen Schlagwörter und eine grobe Fachklassifikation zur Verfügung. Eine Besonderheit der Trefferanzeige sind die auf einer Volltextanalyse basierenden, automatisch erkannten Personen- und Ortsnamen innerhalb eines Werkes, die Sie für eine Anschlusssuche benutzen können. Der Zugriff auf das Dokument gelingt über einen PDF-Download.

Auf europäischer Ebene wird durch das Projekt **Open Access Publishing in European Networks** (OAPEN) Ähnliches realisiert. Vorwiegend europäische Universitätsverlage bieten mit Schwerpunkt auf den Geistes- und Sozialwissenschaften unter einer gemeinsamen Oberflä-

Digi20

OAPEN

che den Zugriff auf E-Books an. Für die Politik- und Sozialwissenschaften sind dies etwa 400 Publikationen, die Sie nach Metadaten und innerhalb des Volltextes durchsuchen können. Ergänzend wird auch eine Browsingstruktur nach Themen, Titel und Autoren angeboten. Der Download der Einzeltitel ist als PDF möglich. Alle Titel sind auch über Google Books auffindbar, allerdings mit weit weniger Suchkomfort.

Zurück zur DFG. Eine besondere Zugriffsform auf elektronische Volltexte bieten die von der Deutschen Forschungsgemeinschaft geförderten **Nationallizenzen**, die nach Anmeldung jeder Person mit Wohnsitz Deutschland bzw. allen wissenschaftlichen Institutionen kostenfrei zur Verfügung stehen. Formal kann man hier unterscheiden zwischen Fachdatenbanken, elektronischen Zeitschriftenpaketen, Nachschlagewerken und Wörterbüchern sowie reinen Volltextangeboten wie E-Book-Sammlungen etc. Die Suche nach bzw. in den Angeboten erfolgt sinnvollerweise über die Suchmaschine **Nationallizenzen-Finden**, die außer einer reinen Stichwortsuche über den Volltext allerdings keine weiteren Suchfilter ermöglicht. Im Ergebnis erhalten Sie je nach Suchbegriff sehr lange Trefferlisten, die Sie mühsam nach den Perlen durchforsten müssen. Alternativ existiert eine reine Metadatensuche über Autor, Titel, Schlagwörter etc. über die beiden Angebote **Nationallizenzen – Sammlungen – Monographien** und **Nationallizenzen – Sammlungen – Zeitschriften** (Zugang auch über **DFG: eBooks** und **DFG: Aufsätze** innerhalb des KVK). Aus dem reichen Fundus seien hier für die Politik- und Sozialwissenschaften genannt:

- *Social Theory* mit Texten von 150 Autoren aus vier Jahrhunderten, vorwiegend zur klassischen und gegenwärtigen soziologischen Theorie,
- *Universal Database of Social Sciences & Humanities* als Sammlung osteuropäischer Zeitschriften aus den Geistes- und Sozialwissenschaften,
- *Columbia International Affairs* (CIAO) als wichtige Datenbank für Themen aus dem Bereich der Internationalen Beziehungen, der Diplomatie, der Geografie sowie zu den internationalen Rechts- und Wirtschaftswissenschaften,
- *Cambridge Journals Digital Archive*, unter anderem mit den Schwerpunkten Geschichte, Politikwissenschaft, Internationale Beziehungen und regionale Studien,
- E-Book-Sammlung *NetLibrary* mit etwa 4400 Büchern auch aus den Social and Behavioral Sciences,
- *Making of the Modern World: economics, politics and industry* mit den Schwerpunkten Wirtschaft, Politikwissenschaft, Geschichte und Soziologie, insgesamt 61 000 Bücher ab dem Jahr 1460.

Nationallizenzen

Beispiele für Nationallizenzen

SSOAR

Als letztes Fachangebot soll hier das **Social Science Open Access Repository** (SSOAR) erwähnt werden. Der Dokumentenserver für Open Access (denken Sie an BASE) der Deutschen Initiative für Netzwerkinformation widmet sich nicht schwerpunktmäßig der Verzeichnung von Büchern, sondern von Zeitschriftenartikel, Sammelwerksbeiträgen und grauer Literatur. Allerdings finden Sie hier auch aktuelle Forschungsergebnisse in Buchform, die Sie im Volltext durchsuchen können. Insgesamt steht Ihnen somit die Suche in 20 000 Dokumenten offen. Der Einstieg ermöglicht Ihnen sowohl die Suchmaske inklusiver Schlagwortsuche als auch eine Browsing-Struktur (*Blättern*) mit einer geeigneten Fachklassifikation. Da SSOAR als Plattform zum Publizieren im Sinne von Open-Access konzipiert ist, können Sie auch Ihre eigenen Publikationen hochladen und veröffentlichen.

7.2 E-Book-Plattformen

Lassen Sie uns jetzt einen Blick auf einige **kommerzielle E-Book-Plattformen** werfen, die auf neue Literatur fokussieren und jenseits der beiden Hauptakteure *Amazon* mit *Kindle eBooks* und *Google* mit dem *eBookstore* zu verorten sind.

libreka!

libreka! ist die E-Book-Plattform des Interessenverbandes Börsenverein des Deutschen Buchhandels. Der ehemalige Name *Volltextsuche Online* weist auf den großen Vorteil hin: Über 1,5 Millionen Bücher sind im Volltext durchsuchbar, davon aus dem Themenbereich Sozialwissenschaften, Recht, Wirtschaft 176 000 Titel. Eine weitere thematische Eingrenzung ist erst in der Ergebnisanzeige über die Facettierung nach Themen beispielsweise nach *Soziologie*, *Politikwissenschaft*, *Sozialwissenschaften allgemein* möglich, da keine Schlagwortsuche und kein thematisches Browsing in die Suche integriert sind. Die Ergebnisanzeigen liefern teilweise Abstracts, Klappentexte, Inhaltsverzeichnisse und Textauszüge, in denen Ihre Suchbegriffe enthalten sind. Obwohl für einige Titel kostenfreie Leseproben als PDF zum Herunterladen angeboten werden, ist libreka! in erster Linie eine Verkaufsplattform. Neben dem Kauf der Printausgabe können auch die parallelen E-Book-Ausgaben als kostenpflichtige PDFs heruntergeladen werden. Diese sind kopiergeschützt und bedürfen der vorherigen Installation von Adobe Digital Editions.

Ciando

Eine weitere kommerzielle Plattform für wissenschaftliche E-Books ist **Ciando** mit rund 250 000 Titeln. Die Suche ist hier zwar auf Titel, Autor und Inhaltsverzeichnis begrenzt, dafür wird in der erweiterten Suche eine thematische Systematisierung nach Kategorien angeboten, um dadurch die Treffermengen passend eingrenzen zu können. Die Suche kann zudem auf verschiedene Endgeräte für E-Books limitiert werden, was bei der momentanen Geräte- und Formate-Vielfalt von Nutzen sein kann. In Darstellung und Funktionsumfang vergleichbar zu libreka!, können hier allerdings nur E-Books bestellt werden. Ciando fungiert zusätzlich als Kooperationspartner von 30 Bibliotheken, so dass über diese auf etwa 130 000 E-Books aus 600 Verlagen zu gegriffen werden kann.

Einen etwas anderen Ansatz verfolgt **PaperC**. Auch hier können Sie an wissenschaftliche Informationen aus Fachbüchern gelangen. Der im Volltext durchsuchbare Bestand ist bei weitem geringer und umfasst in den Politikwissenschaften etwa 1000 und in den Sozialwissenschaften rund 800 Bücher. Dafür können diese Inhalte nach einer kostenfreien Registrierung innerhalb eines knappen Zeitraumes am Bildschirm (an-)gelesen werden. Erst für den etwaigen Ausdruck einzelner Seiten werden Kosten fällig, die in der Summe den Ladenpreis des Buches überschreiten können. Wer auf den Ausdruck, die Lizenzierung oder den Kauf des Titels verzichten kann, dem wird hier eine Zugriffsalternative angeboten. Wenngleich das Angebot stetig wächst, die Suche nach Kategorien und im Volltext Vorteile mit sich bringt, das Nur-Lesen manchmal schon ausreichend sein mag, Sie sich somit Kopierkosten sparen und das Anlegen eigener Online-Bibliotheken mit Markierungs- und Notizfunktionen möglich ist, so bleibt festzuhalten: Noch ist es aufgrund des geringen Datenbestandes keine inhaltliche Alternative zu den großen Konkurrenten, das Geschäftsmodell hingegen schon.

Vergleichen Sie am Besten selbst, welche der vorgenannten oder ggf. alternativen Angebote für Sie die beste Wahl darstellt. Auch hier gilt der Grundsatz: Das EINE Angebot existiert nicht.

PaperC

7.3 Volltextdatenbanken und Zeitschriftenarchive

Während wir in den vorherigen Abschnitten Angebote behandelten, die Bücher in den Mittelpunkt stellen, wenden wir uns nun Ressourcen zu, die **Zeitschriftenartikel** in den Mittelpunkt stellen. Vorab: Es existieren keine Volltextdatenbanken oder Zeitschriftenarchive, die annähernd so viele Zeitschriften Ihres Faches systematisch auswerten und um Schlagwörter anreichern, wie dies *die großen Sechs* bewerkstelligen. Die inhaltliche Abdeckung und Vielfalt sind demnach bei den hier vorgestellten Volltextdatenbanken geringer.

Noch mehr Volltexte: jetzt Zeitschriftenartikel

Für die Suche und gegebenenfalls den kostenpflichtigen Zugriff auf aktuellste Literatur empfehlen sich die Volltextdatenbanken großer Verlagshäuser und Informationsanbieter. Für die Sozialwissenschaften sind hier folgende Onlineplattformen zu nennen:
- Cambridge Books Online (Cambridge University Press),
- De Gruyter Online (De Gruyter),
- Ingentaconnect (Publishing Technology),
- SciVerse ScienceDirect (Elsevier),
- SpringerLink (Springer),
- Wiley Online Library (John Wiley & Sons).

Im Regelfall beinhalten diese Verlagsarchive nur die eigenen Verlagspublikationen unabhängig vom Erscheinungsdatum oder der Publikationsform. Die Suche erfolgt nicht nur über die bibliographischen Angaben, sondern über den gesamten Volltext.

Die Zeitschrifteninhalte verschiedener Jahrgänge werden teilweise verlagsübergreifend in Zeitschriftenarchiven angeboten. Für die Politik- und Sozialwissenschaften können die vier Ressourcen Periodical Archive Online, JSTOR, Project MUSE und DigiZeitschriften von Nutzen sein.

Periodicals Archive Online (PAO), die „Schwesterdatenbank" zu Periodicals Index Online, wird als **Nationallizenz** angeboten. PAO umfasst über alle Sammlungen der Kultur-, Geistes- und Sozialwissenschaften hinweg etwa 1000 vorwiegend englisch- und deutschsprachige Zeitschriften mit Artikeln aus den Jahren 1681 bis 2000. Es existieren 37 Themenbereiche, u. a. Politische Wissenschaften, Öffentliche Verwaltung, Soziale Angelegenheiten, Sozialwissenschaften Allgemein, Soziologie und Studien der Frauen. PAO wird schrittweise um ältere Ausgaben ergänzt, so dass die Ressource auch zukünftig als geeignetes Instrument für die Suche und den Zugriff auf ältere sozialwissenschaftliche Literatur dienen kann, wenngleich die Inhalte der sogenannten Kernzeitschriften der Fächer kaum enthalten sind.

Diesen Nachteil überwindet **JSTOR**, ein lizenzpflichtiges interdisziplinäres Zeitschriftenarchiv, welches 7,2 Millionen Artikel aus über 1400 Zeitschriften vom ersten Jahrgang an präsentiert. Nur die jeweils letzten Jahrgänge unterliegen in JSTOR normalerweise einer **moving wall**, d. h. sie sind nicht frei zugänglich. Thematisch ist das Archiv in 57 Disziplinen eingeteilt, die auch einzeln durchsucht werden können. Relevant sind hier die Themenbereiche Anthropology, Development Studies, Feminist & Women's Studies, Political Science, Population Studies, Public Policy & Administration, Sociology und Statistics, auf die insgesamt etwa eine Million Artikel entfallen.

Periodicals Archive Online

JSTOR

Für die Politik- und Sozialwissenschaften sind die großen **englischsprachigen Kernzeitschriften** im Volltext durchsuchbar. Da Bibliotheken je nach Ausrichtung unterschiedliche *Collections* sowie unterschiedliche Einzeltitel ergänzend lizenzieren können, lohnt ein Blick in DBIS oder den lokalen Bibliothekskatalog, welche dies genau sind. Die **thematischen Suchmöglichkeiten** in JSTOR sind auf die Auswahl einzelner Themenbereiche **limitiert**. Um zusätzlich auch mit automatisch generierten *Key Terms* und *Subjects* zu suchen, ist das frei zugängliche JSTOR-Suchtool **Data For Research** zu empfehlen, welches auf Basis des Datenbestands des Jahres 2010 neben umfangreichen Facettierungs- bzw. Filtermöglichkeiten auch Zitationsanalysen erlaubt. Der tatsächliche Zugriff auf die Volltexte ist allerdings nur auf umständlichen Wege über Bibliotheken möglich, die JSTOR lizenziert haben.

Data For Research

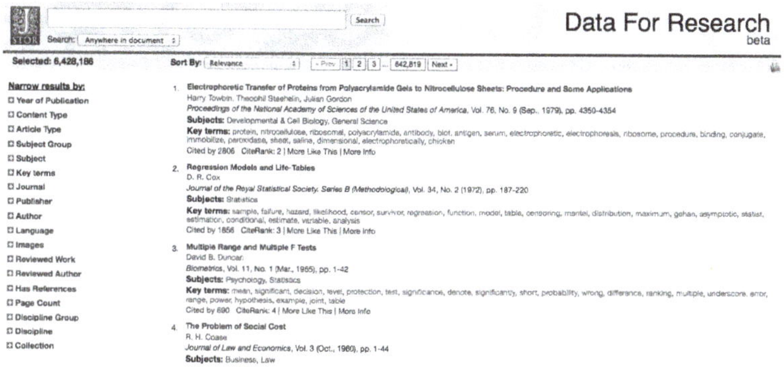

Abb. 22: Suchoberfläche Data For Research (Stand: 5. 3. 12)

Als thematische Ergänzung um ältere und neuere Zeitschriftenbestände der Sozialwissenschaften kann **Project MUSE** weiterhelfen, wobei nur wenige deutsche Bibliotheken das Angebot mit Volltextzugriff tatsächlich lizenziert haben. Es umfasst etwa 500 Zeitschriften **nordamerikanischer Universitätsverlage** und **Fachgesellschaften** mit einem zeitlichen Schwerpunkt auf den letzten zehn Jahren, d. h. ältere Jahrgänge einer Zeitschrift sind nur selten im Angebot enthalten. Die frei zugängliche Stichwortsuche führt zu Kurztrefferlisten, die je nach Bibliothekslizenz freie, lizenzierte und gesperrte Inhalte aufführen. Jenseits der Eingrenzung nach *Research Area* in der Ergebnisanzeige ist keine weitere sachliche Unterscheidung möglich. Im günstigen Fall führen die HTML- oder PDF-Icons direkt zum Volltext. Seit 2012 sind in den Datenbestand auch etwa 12000 E-Books integriert, die jedoch separat zu lizenzieren sind.

Project MUSE

DigiZeit-schriften

Ein interdisziplinäres **Archiv deutschsprachiger Zeitschriften** mit einer geringeren inhaltlichen Abdeckung als die vorher genannten Archive ist das Projekt **DigiZeitschriften**. Dieses unterteilt sich in einen lizenzpflichtigen und einen frei zugänglichen Open-Access-Teil. Zum Inhalt, retro-digitalisierte Zeitschriften zumeist vom ersten Erscheinungsjahrgang bis zu einer **moving wall** von etwa fünf Jahren zur Gegenwart, führt nur eine Stichwortsuche im Volltext oder in den bibliographischen Metadaten. Für die Politik- und Sozialwissenschaften sind vor allem die statistischen Jahrbücher des Deutschen Reiches, der DDR und der BRD von Bedeutung. Hier finden sich die amtlichen Statistiken zu Gesellschaft und Wirtschaft von 1881–2005 bequem im Volltext durchsuchbar, anzeigbar und zur Weiterverarbeitung nutzbar. Die jüngeren Ausgaben sind über die Website des Statistischen Bundesamtes frei zugänglich.

DOAJ

Während die vorgenannten Angebote den Zugriff auf den elektronischen Volltext von vorhandenen Lizenzen abhängig machen, liefert Ihnen das Zeitschriftenverzeichnis **Directory of Open Access Journals** (DOAJ) den Volltext aus 7400 Zeitschriften. Das kommt Ihnen bekannt vor? Ja? Denken Sie an BASE, die Suchmaschine für wissenschaftliche Open Access-Publikationen. DOAJ verzeichnet für die Sozialwissenschaften etwa 400 und für die Politikwissenschaften etwa 165 Online-Zeitschriften. Hierin sind im Gegensatz zu den soeben genannten Angeboten auch aktuelle Jahrgänge enthalten. Über die *Journal*-Suche werden Sie auf die Homepage der Zeitschrift weitergeleitet, die *Articles*-Suche dagegen führt Sie zu einer Volltextsuche in 740 000 Artikeln, was etwa dem halben Zeitschriftenbestand von DOAJ entspricht. Für diesen Suchtyp können Sie auch gezielt nach Begriffen im Abstract oder nach Keywords suchen.

Wege zum Volltext

Gerade bei der Ermittlung der Zugriffsmöglichkeiten auf elektronische Texte gibt es **keinen Königsweg**: Entweder Sie können Recherche und Beschaffung unter einer Oberfläche realisieren, oder Sie müssen diese Arbeitsschritte voneinander trennen. Hier ist die Bedienung durch das Aufkommen von Linkresolvern und Discovery Interfaces in letzter Zeit bedeutend komfortabler geworden, trotzdem empfiehlt es sich, die ganze Bandbreite der Ressourcen von ZDB, über EZB, KVK, Volltextdatenbanken bis hin zu wissenschaftlichen Suchmaschinen zu benutzen.

Wir sind nun fast am Ende unserer Reise zum Auffinden von Publikationen in Buch- oder Zeitschriftenformen angelangt. Lassen Sie die Informationsfülle vielleicht erst einmal sacken und überlegen Sie sich in Ruhe, welche Ressourcen Sie benutzen können und wollen.

8 Nachschlagewerke

Sie wissen nun, in welchen der vielen Informationsressourcen Sie suchen können und wollen sich zuvor noch einen schnellen **Überblick** zu Ihrem Thema verschaffen? Hier lohnt der Blick in Nachschlagewerke wie Lexika, Enzyklopädien oder Wörterbücher. Für die Politik- und Sozialwissenschaften existieren eine Vielzahl geeigneter Print- und Onlinedarstellungen, von denen einige Exemplare sicher auch in Ihrer Bibliothek vor Ort zur Verfügung stehen. Aus Platzgründen kann hier nur eine Auswahl allgemeiner fachlicher Referenzwerke neueren Datums gelistet werden. Für die Suche nach Nachschlagewerken in den Teilgebieten der Politik- und Sozialwissenschaften empfiehlt es sich, geeignete Suchwörter in den lokalen Bibliothekskatalog einzugeben, z. B. *encyclopedia race* führt Sie zu *Encyclopedia of race, ethnicity, and society* oder *handbook aging* zum *Handbook of sociology of aging* oder *dictionary parties* zum *Historical Dictionary of United States Political Parties.*

Nachschlagewerke

FUCHS-HEINRITZ, Werner; KLIMKE, Daniela; LAUTMANN, Rüdiger et al. (Hrsg.) (2011): **Lexikon zur Soziologie.** 5. Aufl. Wiesbaden: VS Verlag für Sozialwissenschaften.

KOPP, Johannes; SCHÄFERS, Bernhard (Hrsg.) (2010): **Grundbegriffe der Soziologie.** 10. Aufl. Wiesbaden: VS Verlag für Sozialwissenschaften.

NOHLEN, Dieter; GROTZ, Florian (Hrsg.) (2007): **Kleines Lexikon der Politik.** 4. Aufl. München: Beck.

NOHLEN, Dieter; SCHULTZE, Rainer-Olaf (Hrsg.) (2005): **Lexikon der Politikwissenschaft**: Theorien, Methoden, Begriffe. 3. Aufl. München: Beck.

SCHMIDT, Manfred G. (2010): **Wörterbuch zur Politik.** 3. Aufl. Stuttgart: Kröner.

Nachschlagewerke auf Deutsch

DARITY, William A. (Hrsg.) (2008): **International encyclopedia of the social sciences.** Bd. 1–9. 2. Aufl. Detroit: Macmillan Reference.

KURIAN, George Thomas (Hrsg.) (2011): **The Encyclopedia of Political Science.** Bd. 1–5. Washington D.C.: CQ Press.

RITZER, George (Hrsg.) (2005): **Encyclopedia of social theory.** Bd. 1–9. Thousand Oaks: SAGE.

RITZER, George (Hrsg.) (2007): **The Blackwell encyclopedia of sociology.** Bd. 1–11. Malden: Blackwell.

SCOTT, John (Hrsg.) (2009): **A Dictionary of Sociology.** 3. Aufl. Oxford: OUP (auch als Online-Version).

Nachschlagewerke auf Englisch

SMELSER, Neil J. (Hrsg.) (2001): **International encyclopedia of the social & behavioral sciences**. Bd. 1–26. Amsterdam: Elsevier (auch als Online-Version).

SULLIVAN, Larry E. (Hrsg.) (2009): **The SAGE glossary of the social and behavioral sciences**. Thousand Oaks: SAGE.

TURNER, Bryan S. (Hrsg.) (2006): **The Cambridge Dictionary of Sociology**. Cambridge: CUP.

Nachschlage-werke auf Französisch

DORTIER, Jean François (2008): **Le Dictionnaire des Sciences Humaines**. Auxerre: Sciences Humaine Éd.

MESURE, Sylvie (Hrsg.) (2006): **Dictionnaire des Sciences Humaines**. Paris: PUF.

Auch frei im Netz zugängliche Nachschlagewerke können von großem Nutzen sein. Die bekanntesten, frei zugänglichen Enzyklopädien im Internet sind die **Wikipedia** und in einer älteren Auflage die **Encyclopaedia Britannica.**

Wikipedia

Gerade die deutsche und englische Wikipedia bieten interessante Wissenschaftsportale für die Soziologie und Politologie an. Die Orientierung nach Schnell- und thematischen Einstiegen wie auch die Hervorhebung ausgezeichneter Artikel bieten einen reichen Fundus für einen ersten Überblick an. Zudem sollten die Verweise am Ende der Einträge zu Publikationen zum Thema in der Deutschen Nationalbibliothek sowie weiterführende Literatur und Weblinks Berücksichtigung finden. Weniger im Fokus der Aufmerksamkeit sind die Parallelangebote der Wikipedia, **Wikiversity** als Lernplattform, **Wikibooks** für digitalisierte Bücher sowie **Wikisource** als Quellensammlung. Deren Datenbestand ist nur gering, trotzdem lohnt auch hier von Zeit zu Zeit ein Blick.

Kritisches Auge bei offenen Wikis

Bevor Sie mit einer Suche in der Wikipedia beginnen, machen Sie sich Folgendes bewusst:

1. In der Wikipedia kann jeder Internetnutzer als Autor tätig werden. Diese zutiefst basisdemokratische Idee der Mitwirkung kann (wir sagen ausdrücklich *kann*) zu Lasten der Qualität gehen. Wenngleich die Wikipedia-Gemeinschaft eine ex-post Qualitätskontrolle der Artikel durchführt, kann es passieren, dass Sie genau den einen Artikel erwischen, der noch nicht bearbeitet, oder noch schlimmer, bei dem richtige Informationen gelöscht oder falsche Informationen ergänzt wurden.

2. Während bei Verlagspublikationen in der Regel die Begutachtung durch Fachleute erfolgt, sind die Editors der Wikipedia teilweise „selbst ernannte Experten“. Diese Tatsache führte in jüngerer Zeit vereinzelt zu absurd anmutenden Löschdiskussionen zwischen

Wikipedia-Editoren und wissenschaftlichen Wikipedia-Beiträgern. Es bleibt allerdings auch festzuhalten, dass die Wikipedia deshalb nicht per se schlechter sein muß als etwa die Encyclopaedia Britannica, nur eben anders.

3. Viele, wenn nicht gar alle, wissenschaftlichen Dozenten der Politik- und Sozialwissenschaften lehnen das Zitieren aus der Wikipedia ab. Für Sie bedeutet dies: Nutzen Sie die Wikipedia für eine erste Informationsgewinnung, nicht jedoch als Beleg in Ihrer eigentlichen Arbeit.

Als originär politik- und sozialwissenschaftliches Online-Wörterbuch empfiehlt sich das **Online Dictionary of the Social Sciences**, das mehr als 1000 Begriffe aus der Soziologie, Politologie, Kriminologie und den Gender Studies in kurzen Beiträgen definiert. Das **Social Science Dictionary**, auf Basis von Beiträgen von Freiwilligen ähnlich der Wikipedia entstanden, bietet über 6000 Einträge aus den Politik- und Sozialwissenschaften sowie angrenzender Disziplinen an. Die sehr kurzen Einträge dienen allerdings eher einer definitorischen Bestimmung als einer umfangreichen inhaltlichen Auseinandersetzung. Speziell für den Bereich Politikwissenschaften lohnen sich auch das frei zugängliche **Online-Lexikon der Bundeszentrale für politische Bildung**, in dem parallel Lexika, Handwörterbücher und fachliche Duden durchsucht werden, sowie das interaktive Lexikon zur Politikwissenschaften **Hyperpolitics**, welches bei einem Umfang von etwa 100 Einträgen neben der innovativen Umsetzung auch Definitionen aus anderen, (nicht-) englischen Lexika anbietet.

Fachliche Online-Wörterbücher

Weitere Online-Nachschlagewerke

50 Klassiker der Soziologie, ein fortlaufendes Projekt der Universität Graz, bietet bio- und bibliographische Informationen zu den maßgeblichen Wissenschaftlern der Sozialwissenschaften aus den letzten drei Jahrhunderten.

Im **Online-Handbuch Demografie** des Berlin-Instituts für Bevölkerung und Entwicklung behandeln namhafte Wissenschaftler in längeren Beiträgen Themen der Demographie bzw. Bevölkerungswissenschaft und -geographie aus historischer und aktueller Perspektive. Ergänzt werden die Beiträge der Oberkapitel Bevölkerungsdynamik, Bevölkerungspolitik, Bevölkerungswissenschaft, Entwicklung und Umwelt um ein ausführliches Glossar sowie weiterführende Informationen im Internet zu Forschungseinrichtungen, statistischen Ämtern und öffentlich zugängliche Datenquellen.

ILMES – Internet-Lexikon der Methoden der empirischen Soziologie erläutert in knappen Beiträgen das Vokabular der empirischen Sozialforschung und der Datenanalyse. Quantitative und qualitative Forschungsmethoden finden gleichermaßen Berücksichtigung. Zahlreiche Querverweise sowie eine Linksammlung ergänzen das nützliche Nachschlagewerk.

Wie beim Gebrauch aller Informationsmittel gilt auch hier: lieber ein Medium mehr zu Rate ziehen und Angaben in verschiedenen Angeboten lesen, vergleichen und kritisch bewerten.

DGS
DVPW

Für einen Einstieg in ein Thema können sich auch die Leselisten der Sektionen der **Deutschen Gesellschaft für Soziologie** (DGS) sowie die Informationen der Sektionen der **Deutschen Vereinigung für Politische Wissenschaften** (DVPW) lohnen.

9 Informationsressourcen staatlicher Institutionen: Bund, Europa, Welt

Einen kleinen Abriss sollten wir den Amtlichen Veröffentlichungen (in der Tat ein sperriger Name) bzw. den *official publications* sowie den elektronischen Angeboten staatlicher und internationaler Institutionen widmen, da diese für die wissenschaftliche Recherche durchaus relevante und auch nicht gerade wenige Informationen publizieren.

Deutschland

DIP

Neben **bund.de-Verwaltung Online** als der zentralen Informationsplattform der Exekutive ist für den Bereich der Legislative auf bundesstaatlicher Ebene das **Dokumentations- und Informationssystem für Parlamentarische Vorgänge** (DIP) des Deutschen Bundestages und Bundesrates für die politikwissenschaftliche Recherche interessant. Hier können Sie den Drucksachen-Bestand ab 1976 nach parlamentarischen Vorgängen, Stand der Gesetzgebung, oder Aktivitäten von Abgeordneten durchsuchen. Eine thematische Suche ist nach Sachgebieten und Deskriptoren möglich. Zusätzlich wird für die jeweils aktuelle Wahlperiode auch eine Übersicht zu den nach Themengebieten geordneten parlamentarischen Beratungsvorgängen angeboten. Multimediales Material wie Filmaufzeichnungen zu Plenar- und Ausschusssitzungen oder auch Informationsveranstaltungen des Wissenschaftlichen Dienstes ist zudem über die **Mediathek des Deutschen Bundestages** zugänglich.

Andere Länder, gleiche Sitten: Auf Ebene der Bundesländer wie auch in anderen Nationalstaaten existieren ähnliche Informationsplattformen der Exekutive und Legislative. Erwähnenswert sind in diesem Zusammenhang für die USA das United States Government Printing Office und für Großbritannien das Office of Public Sector Information (OPSI) als zentrale Anlaufstellen für die Suche nach und die Bereitstellung von staatlichen Publikationen.

Europäische Union

Das Informationsangebot der Europäischen Union ist vielfältig und etwas verwirrend. Daher ein **Tipp vorab:** Nutzen Sie die etwa 100 europäischen **Dokumentations- und Informationszentren** in Deutschland. Viele von ihnen sind an Universitäten und Forschungseinrichtungen angesiedelt. Von den etwa 90 aufgeführten Datenbanken in **Europa– Das Portal der Europäischen Union** sind die meisten für eine wissenschaftliche Recherche nachrangig bis auf

EUROPA-Portal

– **ECLAS:** Der etwa 350 000 Nachweise umfassende Verbundkatalog der Europäischen Kommission beinhaltet offizielle Dokumente, Publikationen von Nichtregierungsorganisationen, von Verlagen und Forschungseinrichtungen mit Europabezug. Im Ergebnis stellt dies eine gute **Fachbibliographie** zu Europa-Themen dar.
– **CORDIS:** Die Informationsplattform zum Bereich **Forschung und Entwicklung**, der durch die Europäische Union finanziert ist. Inhalte sind unter anderem Nachrichten, Veranstaltungsinformationen und Übersichten zu Finanzierung, Projekten und Forschungsergebnissen.
– **RAPID:** Eine englisch- und französischsprachige Volltextdatenbank mit Hintergrundinformationen und **Pressemitteilungen** einzelner EU-Institutionen.
– **EUR-Lex:** Der zentrale Zugang zu **Gesetzgebung, Rechtsprechung** und **Beschlussfassungsverfahren** der EU (ab 1951) mit ca. 2 815 000 Dokumenten im Volltext. Darin enthalten sind die Amtsblätter, die Verträge (Primärrecht), Internationale Abkommen, das geltende Gemeinschaftsrecht, die Rechtsprechung etc.
– **PreLex:** Die Datenbank der **interinstitutionellen Verfahren** zeigt die Entwicklungsphasen einzelner politischer Prozesse bzw. amtlicher Publikationen zwischen Kommission, Rat, Parlament und weiteren Institutionen auf.
– **EuroVoc:** Der multilinguale, multidisziplinäre **Thesaurus** ist ein Übersetzungstool zum Auffinden von Begriffen, die in Form von Schlagwörter den Dokumenten der Europäischen Union beigefügt sind.

Internationale Organisationen

Die Vereinten Nationen mit ihren zahlreichen Unterorganisationen publizieren ebenso rege wie wissenschaftlich interessant. Als Einstiegspunkte eignen sich **UNBISnet**, das bibliographische Informationssystem für Dokumente der UN-Organe sowie das **Official Document System** (ODS). Sofern es sich um Primärliteratur wie Resolutionen, Abstimmungsergebnisse, Protokolle oder Sitzungsberichte handelt, be-

United Nations

steht die Möglichkeit der Volltext-Suche und des Volltext-Zugriffs. Bei wissenschaftlichen Verkaufspublikationen der UN sowie bei Nicht-UN-Publikationen, die mit ihren bibliographischen Angaben in UNBISnet enthalten sind, besteht diese Möglichkeit nicht. Bei der letztgenannten Gruppe fungiert UNBISnet daher eher als eine bibliographische Datenbank, bei denen Sie die Volltexte relevanter Treffer auf alternativem Wege beschaffen müssen. Gegebenenfalls gelingt dies über die acht in Deutschland ansässigen **UN Depository Libraries**.

OECD

Als vorbildlich im Bereich elektronischer Informationsversorgung kann die **OECD** mit ihrer **iLibrary** angesehen werden. Unter einem Dach werden fast 8000 E-Books, 480 Datenbanken mit statistischem Quellenmaterial sowie Tausende von Arbeits- und Forschungsberichten der OECD und ihrer Sonderorganisationen verzeichnet. Vor allem das Zahlenmaterial wie auch die fundierten Länderanalysen aus den Bereichen Bevölkerung, Migration, Governance, Arbeitsmarkt, Bildung und Gesundheit stellen einen reichen Fundus für die Recherche dar. Falls Ihre Bibliothek eine Lizenz für das Angebot bereitstellt, freuen Sie sich. Sie haben somit Zugriff auf den gesamten Text- und Datenbestand der OECD iLibrary.

Es tummeln sich noch viele weitere staatliche und internationale Produzenten statistischer (Primär-)Daten auf der Bühne. Einigen wollen wir im nächsten Kapitel ein Forum bieten.

10 Zahlen, Daten, Fakten: Grundlagen für politik- und sozialwissenschaftliche Publikationen

In den Politik- und Sozialwissenschaften sind neben der passenden Literatur auch die zugrunde liegenden **(Forschungs-)Daten** bedeutsam. Während der Nachweis von und der Zugang zu Literatur, wenngleich in heterogen verteilten Datenbanken vorhanden, durchaus als vollständig angesehen werden kann, verbessert sich die Situation bei den Forschungsdaten erst allmählich in letzter Zeit.

Tipp

Generell gilt: Bei der Suche nach speziellen, thematischen Statistiken als auch bei der Suche nach Downloadmöglichkeiten von Rohdaten sollte der erste Blick auf die Angebote der statistischen Ämter, der Forschungsdatenzentren und der Internationalen Organisationen gehen.

Suche nach (amtlichen) Statistiken

Anbieter

In früheren Jahren war die Suche nach (amtlichen) statistischen Daten zumeist mit einem Blick in die Druckausgabe statistischer Jahr- oder Handbücher verbunden. Heutzutage funktioniert dies bequem über das Internet. Die Datenanbieter wie statistische Ämter, internationale Organisationen, non-profit-Projekte oder kommerzielle Unternehmen bieten eine Vielzahl an Daten an, wobei sie sich in Aktualität und Verarbeitungsmöglichkeiten doch stark voneinander unterscheiden. Teilweise sind die Angebote zudem von solch einer Komplexität, dass nach längerer Zeit des Ausprobierens die gewünschte Information immer noch bzw. nicht im richtigen Format zur Verfügung steht.

Einen guten **Überblick** über **Datensammlungen** und **Statistiken** finden Sie in der Virtuellen Fachbibliothek ViFaPol unter *Ressourcentypen-Nachschlagewerke*. Auch in DBIS finden Sie mit der Begrenzung auf *Faktendatenbank* in der Kategorie *Datenbank-Typen* weitere Angebote.

Hangeln wir uns nun vom Kleinen zum Großen! Zuerst wenden wir uns den statistischen Angeboten auf nationaler, dann auf internationaler Ebene zu.

Die Webseiten einzelner Statistikämter auf kommunaler, regionaler, nationaler und internationaler Ebene werden unter den Links (*Linkservice– unser Adressbuch*) des Statistischen Bundesamtes (Destatis) aufgeführt. **Destatis** ist die zentrale Stelle, die in Deutschland statistische Informationen erhebt, sammelt, aufbereitet, darstellt und analysiert. Dessen Arbeit wird durch die statistischen Ämter der Länder sowie durch die statistischen Behörden auf kommunaler Ebene flankiert.

Die Informationsfülle auf der Website von Destatis ist immens. Für Ihre Arbeit von Nutzen sind die Indikatorensammlungen (Konjunktur-, Struktur-, Nachhaltigkeitsindikatoren) und die Sammlungen zu sozio-ökonomischen Themen.

Falls Sie den Überblick verlieren: Bei der Unterstützung Ihrer Arbeit hilft Ihnen auch das Forschungsdatenzentrum von Destatis, welches Mikrodatenbestände der amtlichen Statistik für die Forschung bereitstellt, und die Bibliothek in Wiesbaden, deren Bestände kostenfrei zu benutzen oder über die Fernleihe zugänglich sind.

Die entscheidende Ressource bei der Ermittlung statistischer Angaben ist die Datenbank **GENESIS-Online**, die gemeinsam durch die deutschen Statistikämter entwickelt wurde, deren Bestand permanent aktualisiert und erweitert wird und in Form tiefgegliederter Ergebnisse kostenfrei über das Internet zur Verfügung steht. Für die Suche existieren mehrere Einstiege:

- Einfache Suche über die *Stichwortliste*.
- Die Rubrik *Neue Daten* informiert über Datenaktualisierungen und -ergänzungen, die auch per RSS abonniert werden können.
- Unter *Themen* finden Sie die Einstiege über die hierarchisch strukturierten Kategorien:

Tipp

Deutschland

Tipp

GENESIS-Online

- – Gebiete, Bevölkerung, Arbeitsmarkt, Wahlen,
- – Bildung, Sozialleistungen, Gesundheit, Recht,
- – Wohnen, Umwelt,
- – Wirtschaftsbereiche,
- – Außenhandel, Unternehmen, Handwerk,
- – Preise, Verdienste, Einkommen und Verbrauch,
- – Öffentliche Finanzen,
- – Gesamtrechnungen,
- – Indikatorensysteme (nachhaltige Entwicklung, Wissenschaft und Technologie, Kultur).
- Unter *Tabellen* finden sich alle in Genesis enthaltenen Tabellen sortiert nach einer Codenummer.

Abb. 23: Genesis-Online: Tabelle zu Adoptierte Kinder mit Auswahlmöglichkeit der Merkmalsausprägungen (Stand: 5. 3. 12)

Die Tabellen sind flexibel gestaltet, d. h. eine Zeitauswahl und eine Auswahl der Merkmalsausprägungen (wie oben Nationalität und Altersgruppen) kann vorgenommen werden. Der *Werteabruf* erfolgt rechts unten und führt entweder zur Tabelle bzw. zum Diagramm (s. u.).

Statistik der Adoptionen
Deutschland
Adoptierte Kinder und Jugendliche (Anzahl)

Nationalität / Altersgruppen	1991	1992	1993	1994	1995	1996	1997	1998	1999	2000	2001	2002	2003	2004	2005	2006	2007	2008	2009	2010
Deutsche unter 1 Jahr	140	102	102	84	56	49	44	51	34	54	58	62	47	38	46	38	51	81	82	59
1 bis unter 3 Jahre	1 433	1 952	1 922	1 782	1 568	1 332	1 245	1 113	946	935	886	822	899	802	880	874	883	870	815	943
3 bis unter 6 Jahre	1 215	1 387	1 463	1 418	1 218	1 086	976	898	787	752	673	632	589	561	509	510	434	365	423	413
6 bis unter 9 Jahre	1 226	1 311	1 448	1 354	1 261	1 251	1 152	1 085	986	858	737	688	638	615	579	565	502	474	415	476
9 bis unter 12 Jahre	903	1 019	1 046	1 085	980	942	909	902	853	830	783	628	559	522	477	516	479	471	464	496
12 bis unter 15 Jahre	537	576	724	735	727	712	656	665	574	636	691	552	486	508	454	428	381	354	349	386
15 bis unter 18 Jahre	333	392	433	520	516	481	499	516	454	417	412	365	398	386	364	429	347	335	316	268
Insgesamt	5 787	6 739	7 138	6 958	6 326	5 853	5 481	5 230	4 634	4 482	4 120	3 749	3 616	3 432	3 309	3 360	3 077	2 950	2 863	3 041
Ausländer unter 1 Jahr	68	34	42	16	19	20	18	31	40	27	38	50	25	27	15	31	36	31	27	16
1 bis unter 3 Jahre	570	652	567	487	498	436	400	429	400	431	429	457	339	291	252	258	360	278	251	254
3 bis unter 6 Jahre	226	305	302	264	255	256	277	298	265	325	265	302	274	242	196	197	285	258	195	201

Ergebnis - 22521-0001

Diagramm

Optionen: Tabelle

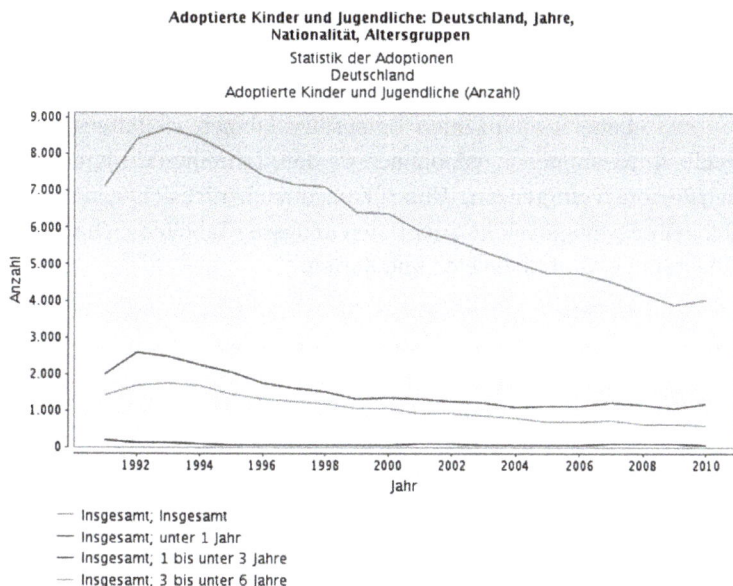

Adoptierte Kinder und Jugendliche: Deutschland, Jahre, Nationalität, Altersgruppen

Statistik der Adoptionen
Deutschland
Adoptierte Kinder und Jugendliche (Anzahl)

— Insgesamt; Insgesamt
— Insgesamt; unter 1 Jahr
— Insgesamt; 1 bis unter 3 Jahre
— Insgesamt; 3 bis unter 6 Jahre

Abb. 24/25: Tabelle und Diagramm zu Adoptierte Kinder (Stand: 5. 3. 12)

Die Darstellung der Daten erfolgt in Tabellenform, als Graphik, bei Zeitreihenanalysen als Diagramm, oder als interaktive Karte. Der Export der Tabellen erfolgt über die Ausgabeformate Excel, CSV oder HTML. Umfangreiche Zeitreihenanalysen sind übrigens nur nach kostenpflichtiger Registrierung abrufbar.

Eurostat ist das **statistische Amt der Europäischen Union** mit dem Auftrag, die Versorgung mit europäischen Statistiken zu gewährleisten sowie Vergleiche zwischen den Mitgliedsstaaten und Regionen zu ermöglichen. Wie bei vielen weiteren EU-Einrichtungen ist auch das Eurostat-Internetangebot auf den ersten Blick recht unübersichtlich. Die über 300 Millionen Eurostat-Daten werden in den Rubriken Statistiken nach Politischen Indikatoren der EU und in Statistik nach Themen aufgeführt. *Politische Indikatoren der EU* beinhaltet u. a. Euro-Indikatoren und kurzfristige Wirtschaftsindikatoren, Indikatoren für nachhaltige Entwicklung, für Beschäftigungs-, Sozialpolitik und Gleichstellung sowie Globalisierungsindikatoren. *Statistik nach Themen* ist in die neun Themen Allgemeine und Regionalstatistiken, Wirtschaft und Finanzen, Bevölkerung und soziale Bedingungen, Industrie, Handel und Dienstleistungen, Landwirtschaft, Forstwirtschaft und Fischerei, Außenhandel Verkehr, Umwelt und Energie, Wissenschaft und Technologie sowie in 34 Unterthemen aufgeteilt.

Suche

Für eine zielgerichtete Suche empfiehlt sich am linken Rand die Benutzung von *Statistik A–Z* (Register) und *Suche Datenbank* (Stichwortsuche im Titel oder in der Beschreibung des Datensatzes).

Anzeige

Auf Ebene der einzelnen Datensätze können vielfältige individuelle Anpassungen vorgenommen werden: Zeitreihen variieren, Länder/Regionen eingrenzen, (Unter-)Kategorien berücksichtigen etc. Die Darstellungsmöglichkeiten der Daten umfassen Tabellen, Schaubilder (Diagramme, Graphiken etc.) und Karten.

Durchschnittliche normalerweise geleistete Wochenarbeitsstunden in Haupttätigkeit, nach Geschlecht, Stellung im Beruf, Vollzeit-/Teilzeittätigkeit und Beruf (Stunden)

[lfsq_ewh

Letzte Aktualisierung: 01-03-2012

Tabellenanpassung zeigen

TIME | GEO | SEX: Insgesamt

WORKTIME: Insgesamt | WSTATUS: Erwerbstätige | ISCO: Insgesamt

TIME ▸ / GEO ▾	2009Q3	2009Q4	2010Q1	2010Q2	2010Q3	2010Q4	2011Q1	2011Q2
Dänemark	33,9	33,7	33,5	33,5	33,9	33,7	33,5 (b)	33,8
Deutschland (einschl	35,7	35,6	35,6	35,7	35,7	35,7	35,5 (b)	35,6
Estland	38,9	38,8	38,8	38,6	38,9	38,7	38,4 (b)	38,6
Irland	35,4	35,1	35,0	35,1	35,1	34,8	34,7 (b)	35,0
Griechenland	42,6	42,4	42,3	42,3	42,4	42,2	42,1 (b)	42,2
Spanien	39,0	38,7	38,6	38,6	38,8	38,5	38,3 (b)	38,4
Frankreich	38,2	38,0	37,9	38,0	38,2	38,1	38,0 (b)	38,0
Italien	38,2	37,9	37,7	37,9	37,9	37,6	37,6 (b)	37,6
Zypern	40,5	40,4	40,1	40,3	40,4	40,1	39,7 (b)	40,0
Lettland	39,5	39,1	38,6	39,0	39,1	38,6	38,7 (b)	39,2
Litauen	38,5	38,5	38,5	38,5	38,4	38,2	38,1 (b)	38,3
Luxemburg	37,1	37,2	36,7	37,3	37,4	37,2	36,7 (b)	37,0

Abb. 26: Datentabelle in Eurostat (Stand: 5. 3. 12)

Export

Der Download der Daten erfolgt nach Registrierung in den Formaten XLS, HTML, XML, PDF, SPSS oder TSV. Vielfältige Hilfefunktionen erleichtern Ihnen den Umgang mit der Datenbank. Einen weiteren Mehrwert bietet Eurostat bei der Themenansicht durch die konsequente Einbindung externer Quellen wie weiterführende Links, Querbezüge zu gesetzgeberischen Informationen in EUR-Lex, oder der Hinweis auf Veröffentlichungen wie *Statistik kurz gefasst* und *Daten kurz gefasst*. Zusätzliche Publikationen werden als kostenlose PDFs angeboten.

Vereinte Nationen

Eine besondere Bedeutung bei der Versorgung mit Statistiken kommt Internationalen Organisationen zu, vorwiegend den UN mit ihren Sonderorganisationen. Das zentrale Statistikportal der Vereinten Nationen ist **UNdata**. Über eine Metasuche bietet es die Recherche in über 60 Millionen Datensätzen aus 33 Datenbanken der UN-Organisationen und weiteren internationalen Organisationen an. Thematisch umfasst UNdata ein breites Spektrum an sozioökonomischen Daten zu Gender, Erziehung, Arbeitsmarkt, Handel und Wirtschaft, Energie, Landwirtschaft, Kriminalität, Gesundheit, Demographie oder Tourismus. Die Daten umfassen sowohl vergangene Zeiten als auch

Schätzungen und Prognosen. Die übersichtliche Oberfläche bietet einige Funktionalitäten, u. a. neben einer einfachen und erweiterten **Suche** auch Länderprofile und die Funktion *Explorer*, mit der über hierarchische Strukturen *Datasets*, *Sources* und *Topics* durchforstet werden können. Die größte Trefferabdeckung erzielen Sie mittels der *Keyword*-Suche unter *More–Advanced search*. In der **Ergebnisanzeige** werden zuvorderst in Tabellenform die Länderrankings dargestellt. Die Interaktivität beschränkt sich in der Regel auf die Facettierung nach Zeitpunkt/-raum und Region. Die **Exportformate** sind beschränkt auf XML, XLS oder CSV.

UNdata ist ein gelungenes Beispiel, wie heterogene Datenbestän- **Tipp** de unter einem Portal zusammengefasst werden. Um allerdings zielgerichtet thematisch in den Datenbanken der UN-(Unter-)Organisationen zu recherchieren, sollten Sie auch direkt in die einzelnen Ressourcen wechseln, z. B.

- zu den Bereichen Gesundheit und Medizin:
  Global Health Observatory Data Repository der WHO**,**
- zu den Bereichen Wirtschaft und Internationaler Handel:
  Statistic Database der WTO oder **UN Comtrade,**
- zu den Bereichen Wirtschaft, Arbeit, Einkommen:
  LABORSTA Internet der ILO**,**
- zu den Bereichen Agrarwirtschaft, Ernährung und Handel:
  FAOSTAT der FAO**,**
- zu den Bereichen sozioökonomische Entwicklung bzw. wirtschaftliche Situation generell:
  World dataBank der Weltbank (beinhaltet World Development Indicators und Global Development Finance) und **OECDiLibrary** der OECD.

Weitere Ressourcen, die Sinn geben und Spaß machen:
Nationmaster, eine vielfach ausgezeichnete Website bietet ca. 10 000 **Nationmaster** Statistiken zu einer Fülle an **sozioökonomischen Daten**. Die Interaktivität ist durch die Auswahlmöglichkeit verschiedener Kategorien und Länder(-vergleiche) gegeben. Eine Ergänzung finden die Statistiken (Graphen, Tabellen) durch historisches und aktuelles Kartenmaterial und durch Encyclopedia, welches der englischsprachigen Wikipedia (mit reduziertem Inhalt) im Design von Nationmaster entspricht. Vorbildlich sind die exakte Nennung der Quelle bzw. das Quellenverzeichnis (Nationmaster erhebt keine Daten) und die Definition der einzelnen Kategorien. Als Datenbasis dienen das CIA Factbook**,** Wikipedia sowie die Daten internationaler Organisationen. Die Weiterverarbeitung ist auf die Druckfunktion und den Export in soziale

Netzwerke begrenzt. Die Datenaktualität ist generell verbesserungs-würdig.

GeoHive

Das Privatprojekt **GeoHive** bietet einen schnellen Überblick über ökonomische und demographische Daten in Tabellenform, sowohl auf Länder- als auch auf globaler Ebene. Datengrundlage sind zumeist An-gaben der statistischen Ämter und internationaler Organisationen. Die Datenaktualität ist nicht durchgängig hoch. Datenbankbasierte Such-möglichkeiten sowie eine Interaktivität bei der Ergebnisverarbeitung sind nicht vorhanden.

CIA – World Factbook

CIA – The World Factbook ist wie der Name schon andeutet ein Faktenbuch zum schnellen Nachschlagen **sozioökonomischer Daten auf Länderbasis** aus den neun Kategorien *Introduction, Geography, People and Society, Government, Economy, Communications, Transpor-tation, Military, Transnational Issue.* Die Länderansicht wird um Län-dervergleiche zu 63 Unterkategorien aus sechs der neun Kategorien er-gänzt. Eine Suchmaske wird nicht angeboten, die Daten sind über das Browsen in den einzelnen Kategorien zu ermitteln. Das Angebot speist sich auch aus Daten externer Anbieter wie statistischen Ämtern oder Internationalen Organisationen und wird wöchentlich aktualisiert. Der Download der Daten erfolgt über das Dateiformat *txt.* Zudem sind über das Internet Archive ältere Ausgaben des Factbooks erhältlich.

Stat@tlas

Stat@tlas Europa ist ein **interaktiver statistischer Atlas** des schweizerischen Bundesamtes für Statistik. Der Atlas zeigt zu The-men der europäischen Statistik aktuelle Daten auf Länderniveau und auf regionaler, auch grenzübergreifender, Ebene. Der Inhalt umfasst etwa 250 Karten aus den zwölf Themenfeldern Bevölkerung, Lebens-bedingungen, Raum und Umwelt, Arbeit und Erwerb, Wirtschaft und öffentliche Finanzen, Land- und Forstwirtschaft, Bauen und Wohnen, Tourismus, Mobilität, Bildung und Wissenschaft, Politik sowie räum-liche Gliederung, die individuell in Auswahl und Ansicht gestaltbar sind. Der Export erfolgt in der Regel über die Druckfunktion oder per Screenshot, da nur in manchen Karten exportfähige Dokumente wie Tabellen oder Graphiken enthalten sind.

Suche nach Forschungsdaten

Für die Suche nach Forschungsdaten etwa im Zuge einer Sekundärana-lyse empfehlen sich mehrere **Datenarchive**, die sich teilweise inhaltlich überschneiden.

ICPSR

Das **Inter-University Consortium for Political and Social Research** (ICPSR) als Zusammenschluss von 700 (außer-)universitären **For-schungseinrichtungen** beinhaltet über 500 000 Datensätze zu etwa

800 Studien aus allen sozialwissenschaftlichen Teildisziplinen. Als Sucheinstiege werden neben der Stichwortsuche auch thematische Einstiege über Klassifikation und Thesaurus mit Schlagwörtern angeboten. Als Grobeinstiege dienen die *Thematic Collections*, die auf weitere Datenarchive verlinken. In der Ergebnisanzeige ist eine weitere Eingrenzung über Facetten möglich. Zu den einzelnen Datensätzen werden Studienbeschreibungen, Dokumentationen (z. B. Fragebögen, Codebooks etc.), daraus hervor gegangene Publikationen sowie der Download aller Materialien, teilweise aber erst nach einer Registrierung, angeboten. Als Full-Service-Provider beinhaltet die Angebotspalette von ICPSR auch die Bereiche *Data-hosting*, *Digital Curation* und *Online-Lernangebote zum Umgang mit Daten in der empirischen Sozialforschung*.

Auch das **Dataverse Network Project des Institute for Quantitative Social Science** (IQSS) an der Harvard University bietet für Wissenschaftler ein Komplettangebot für das Datenmanagement an („publish, share, reference, extract and analyze research data"). Innerhalb des IQSS-Dataverse befinden sich zu 42 000 sozialwissenschaftlichen Studien über 670 000 Datensätze. Obwohl das Angebot teilweise zu ICPSR inhaltlich redundant ist und auf den US-amerikanischen Bereich fokussiert, ist es aufgrund der vielfältigen Suchmöglichkeiten zu empfehlen. Die *Advanced Search* bietet die Möglichkeit, die Kategorien gezielt nach *Abstracts*, *Keyword* und *Topic Classification* zu durchsuchen. Innerhalb der ausführlichen Ergebnisanzeigen inklusive Abstracts wird, soweit vorhanden, unter *Related Publications* direkt auf die aus den Studien hervorgegangenen Veröffentlichungen verlinkt. Der Download der Datensätze ist in der Regel kostenfrei und ohne Registrierung möglich, lediglich die Nutzungsbedingungen sind anzuerkennen. **IQSS**

Die vorgenannten Institutionen sind neben vier weiteren in der **Data Preservation Alliance for the Social Sciences** (Data-PASS) zusammengeschlossen, die sich der Datenarchivierung und des Datenzugangs verpflichtet. Für die Recherche, die unter der gleichen Oberfläche wie IQSS läuft, bedeutet dies, einen weitaus größeren Datenbestand simultan zu durchsuchen. Die erweiterte Suche erlaubt hier auch die Begrenzung auf einzelne Bestandssegmente. Der Nachteil dabei: der Anteil der frei zugänglichen und exportierbaren Datensätze reduziert sich aufgrund restriktiverer Benutzungsbedingungen als die von IQSS und ICPSR. **Data-PASS**

Die Ergänzung auf **europäischer Ebene** stellt das **Council of European Social Science Data Archives** (CESSDA) mit dem deutschen Mitglied GESIS – Leibniz-Institut für Sozialwissenschaften dar. Insgesamt präsentieren 20 europäische Einrichtungen unter einer Oberfläche den Datenbestand aus etwa 5500 Studien. Darin enthalten sind auch Daten zum **European Social Survey** und zum **Eurobarometer**. Der CESSDA- **CESSDA**

Katalog kann mittels Stichwortsuche oder über Browsing-Strukturen (*Topic, Keyword, Publisher*) benutzt werden. Die eigentlichen Daten liegen weiterhin bei den teilnehmenden Institutionen, CESSDA verlinkt lediglich auf diese. Die internationale Erweiterung um weitere Archive außer CESSDA und Data-Pass stellt die **International Federation for Data Organizations** (IFDO) dar.

GESIS

Kommen wir nun zum **deutschsprachigen Raum** und dem maßgeblichen Datenanbieter GESIS – Leibniz-Institut für Sozialwissenschaften sowie einzelnen Forschungsdatenzentren (FDZ) und Datenservicezentren (DSZ), denen eine zentrale Versorgungsfunktion mit Forschungsdaten obliegt. Zum Produktportfolio gehören neben der Fachinformation (s. SOLIS/SOFIS bzw. sowiport), der Durchführung von Umfragen (z. B. **Allgemeine Bevölkerungsumfrage der Sozialwissenschaften ALLBUS**) auch der Datenservice zu diesen nationalen und international-vergleichenden Umfragen. Obgleich Sie die einzelnen Datensätze teilweise auch in den vorgenannten Ressourcen wie CESSDA recherchieren können, ist ein ergänzender Blick in zwei GESIS-Portale sinnvoll:

ZACAT/ HISTAT

– **Im Studienkatalog ZACAT** kann über eine Stichwortsuche oder Browsing-Struktur in momentan acht großen Studien nach Variablen gesucht, individuell angepasste Datenanalysen (Verteilungen, Regressionen etc.) durchgeführt und in Diagramme dargestellt werden. Für fortführende Analysen wird der Export in unterschiedliche Formate wie SPSS, Stata oder SAS angeboten.

– Daten historischer Studien bzw. Daten historischer Sozialforschung suchen Sie in der Datenbank **HISTAT** (Historische Statistik), in der über 250 000 Zeitreihenanalysen zu den Schwerpunkten

　– Historische Statistik von Deutschland,
　– Historische Demographie,
　– Bildungsgeschichte,
　– Finanzgeschichte,
　– Deutsche Sozial- und Wirtschaftsgeschichte

den wesentlichen Inhalt ausmachen. Sie können in einer hierarchisch geordneten Themenliste nach Autoren einer Studie und über eine Stichwortsuche recherchieren. Bei dieser empfiehlt sich die Aktivierung des *Standard-Thesaurus Wirtschaft*, da in Beziehung stehende Begriffe in die Suche integriert werden. Testen Sie es einmal mit einer Suche nach dem Begriff *Haushaltseinkommen* (ohne/mit Thesaurus). Die Anzeige der Datensätze und die Weiterverarbeitung sind nach der kostenfreien Registrierung möglich. In der Ergebnisanzeige weisen die *Studiendetails* auf Studienleitung, Studienbeschreibung, Zeitraum, Veröffentlichung, verwendete Quellentypen etc. hin. Die Ausgabe einer oder mehrerer Zeitreihen bzw. Tabellen erfolgt in Excel- oder Textform. Da diese Daten oftmals sehr heterogen und nicht unbedingt leicht zu interpretieren sind, empfiehlt sich bei Unklarheiten die Kontaktaufnahme zu GESIS.

Verschiedene **Forschungsdatenzentren** und **Servicedatenzentren** bieten den Zugang zu themenspezifischen **Mikrodatenquellen** (anonymisierte Einzeldaten) für den wissenschaftlichen Gebrauch (*scientific use files*) an:

Forschungs-
datenzentren

– Forschungsdatenzentren der Statistischen Ämter des Bundes und der Länder, inkl. Literaturdatenbank für die Suche nach Publikationen auf Basis amtlicher Statistiken,
– Forschungsdatenzentrum der Bundesagentur für Arbeit am Institut für Arbeitsmarkt- und Berufsforschung,
– Forschungsdatenzentrum der Deutschen Rentenversicherung Bund,
– Forschungsdatenzentrum im Bundesinstitut für Berufsbildung.

Jenseits der amtlichen Statistik sind im Bereich der **Ressortforschung** für die Suche nach Daten folgende Forschungsdatenzentren zu nennen:
– Institut zur Qualitätsentwicklung im Bildungswesen,
– Forschungsdatenzentrum des Sozio-oekonomische Panel (SOEP),
– Forschungsdatenzentrum ALLBUS bei GESIS,
– Forschungsdatenzentrum „Internationale Umfrageprogramme" bei GESIS,
– Forschungsdatenzentrum „Wahlen" bei GESIS,
– Forschungsdatenzentrum Deutscher Alterssurvey.

Weitere Informationen finden Sie in den Linklisten des **German Microdata Lab** (GML) des Leibniz-Instituts für Sozialwissenschaften (GESIS), das sich wie alle Datenservicezentren um die Datendokumentation und den Zugang in Form von Metadatenportalen, hier z. B. das **Mikrodaten-Informationssystem** (MISSY), kümmert.

Falls Sie zu einer Ihnen bekannten Publikation nach dem zugrunde liegenden Datenmaterial suchen, schauen Sie auch auf die Webseiten der Autoren, der beteiligten Institutionen oder des Verlages. Im Sinne von nicht-kodifizierten Regeln guter wissenschaftlicher Praxis sollten eigentlich **Originaldaten** als Basis von Publikationen von diesen **archiviert** und für Dritte zugänglich gemacht werden.

Tipp

Als Sonderfall oder auch praxisbezogene Orientierung der Sozialforschung kann die **Meinungsforschung** durch kommerzielle Unternehmen jenseits der institutionellen Forschungslandschaft angesehen werden. Von der Forschung häufig aufgrund methodischer

Schwächen kritisiert, besitzen sie durchaus in der öffentlichen Wahrnehmung einen gewissen Stellenwert.

statista
Anstelle der Vorstellung einzelner Institute sei hier auf die Online-Plattform **statista** hingewiesen, bei der Daten zu über 60 000 Themen verschiedener Institute und Quellen wie Marktforschungsinstitute, statistische Ämter, Ministerien, wissenschaftliche Institute und Internationale Organisationen gebündelt und durchsuchbar sind. Von großer Bedeutung ist das Angebot gerade für die Sozial-, Politik- und Wirtschaftswissenschaften. Neben der inhaltlichen Abdeckung zwanzig verschiedener Branchenkategorien von Agrarwirtschaft bis zu Verwaltung und Soziales werden auch verfügbare Metadaten wie Quelle, Veröffentlichungsdatum, Anzahl der Befragten zu jeder Statistik angezeigt und erlaubt so eine Einordnung in den wissenschaftlichen Kontext. Passende Daten können Sie zudem leicht exportieren und direkt in Ihre Arbeit einbinden. Beim kostenfreien Basis-Account kann auf ca. 20% der Statistiken zugegriffen werden. Eine Campus-Lizenz wird von zahlreichen Hochschulen bereit gestellt.

11 Suche nach Massenmedien: Zeitung, Bild, Ton und Film

Zeitungen

Zeitungen
Die Suche nach Zeitungen und Magazinen erfolgt entweder über den lokalen Bibliothekskatalog oder über die Zeitschriftendatenbank (ZDB). Bietet der Katalog den Vorteil eines direkten Zugriffs auf den Print- oder Online-Bestand Ihrer eigenen Einrichtung, so liefert die ZDB einen umfassenden Überblick über die Nachweissituation zu fast 52 000 Zeitungen und Magazinen von etwa 4300 Bibliotheken. Der Menüpunkt *Zeitungen* im linken Menü der ZDB führt zur Zeitungstitelrecherche (nicht zur Artikelsuche!), die eine Eingrenzung auf einzelne Erscheinungsländer, Digitalisierungsmaster oder layoutgetreue Digitalisierungen erlaubt. In der erweiterten Suche können durch Eingabe des Codes *zt* und Auswahl der Kategorie *Dokumenttyp* auch weitere Kategorien berücksichtigt werden, so z.B. Sondersammelgebiete, Bibliothekssigel (Identifikator für Bibliotheken) oder DDC-Notationen.

ZEFYS
Eine sehr umfangreiche Zeitungssammlung besitzt im deutschen Raum die Staatsbibliothek zu Berlin. Neben 180 000 Bänden Originalzeitungen und etwa 150 000 Mikroformen (Mikrofiches und -filme) bezieht sie fortlaufend ca. 100 deutsche als auch über 300 ausländische Zeitungen (Sondersammelgebiet Ausländische Zeitungen). Über das **Zeitungsinformationssystem** (ZEFYS) werden zudem digitalisierte

historische Zeitungen und Internetquellen rund um das Thema Zeitungen präsentiert. Das Institut für Zeitungsforschung in Dortmund bietet als Spezialbibliothek außer umfangreichen Zeitungsbeständen, die in der ZDB verzeichnet sind (s. Sigel Dm 11), auch einen großen Bestand an Forschungsliteratur zum Pressewesen. Des Weiteren ist hier das **Mikrofilmarchiv der deutschsprachigen Presse** (MFA) angesiedelt. Für die Suche nach Verfilmungen als der über lange Zeit vorherrschenden Archivierungsform bei Zeitungen bietet das MFA ein elektronisches Bestandsverzeichnis der in Deutschland vorhandenen Verfilmungen an. Wichtig für den Zugriff auf Zeitungen: Beide genannten Einrichtungen nehmen an der Fernleihe teil bzw. nehmen Direktbestellungen oder Reproduktionsaufträge entgegen. Sie erahnen ein Hauptproblem beim Arbeiten mit Zeitungen bzw. beim Recherchieren nach Presseartikeln zu Personen, zu Themen oder Ereignissen? Die **Suche** kann **aufwändig** sein, sofern nur Verfilmungen und keine elektronischen Volltextfassungen vorliegen, oder die verteilten Bestände nur als verfilmte Exemplare vor Ort oder über die Fernleihe zugänglich sind.

Die jüngeren, weltweiten **Digitalisierungsprojekte** im Bereich **historischer Zeitungen** geben Hoffnung auf Abhilfe. Zu erwähnen sind hier Portale, die unter einer Oberfläche mehrere digitalisierte Zeitschriften eines Landes oder einer Sprachregion präsentieren, beispielsweise für Österreich **Austrian Newspapers Online** (ANNO), für den englischsprachigen Raum **ProQuest Historical Newspapers**, für den US-amerikanischen Raum **Chronicling America**, oder das mittlerweile eingestellte Digitalisierungsprojekt historischer Zeitungen im Rahmen des **Google News Archive**. Natürlich bieten auch Zeitungsverlage, zum Teil mit Hilfe von Bibliotheken, digitale Archive an. Eine gute Übersicht bietet hierzu wiederum DBIS, indem in der erweiterten Suche nach dem *Datenbank-Typ Zeitung* gesucht wird.

Historisches jetzt digital

Wenden wir uns nun der **elektronischen Volltextsuche** von Zeitungsinhalten **neueren Datums** zu. Die elektronische Suche nach Zeitungsartikeln ist auf den Webseiten der einzelnen Zeitungen in der Regel ab Anfang der 1990er Jahre möglich. Während die Recherche in den Volltexten kostenfrei möglich ist, ist der Zugriff auf den tatsächlichen Artikel teilweise mit unverhältnismäßigen Kosten verbunden. Informieren Sie sich bei Ihrer Bibliothek, ob über sie günstigere Bezugsbedingungen in Anspruch genommen werden können. Von der Archivsuche nach Print- oder parallelen elektronischen Fassungen sind die reinen Online-Angebote der einzelnen Tageszeitungen und Magazine zu unterscheiden. Diese stellen im Vergleich zur Printausgabe ein eingeschränktes Angebot dar, allerdings mit dem Mehrwert der Anzeige nur online erschienener Artikel.

Suche nach neuen Zeitungsartikeln

Falls Sie über die Datenbestände einer oder mehrerer Zeitungen suchen wollen, nutzen Sie auch **spezialisierte Suchmaschinen** für die Online-Fassungen der Zeitungen und kommerzielle Portale, über die Sie die digitalen Zeitungsarchive durchsuchen und auf die Volltexte zugreifen können. Die gängigsten Suchmaschinen für die Pressesuche sind **Google News, Paperball, WorldNews, Trendiction** oder **Romso**, von denen sich die drei erst genannten Ressourcen durchaus auch für eine internationale Recherche lohnen. Jedes dieser Angebote bietet spezifische Vor- und Nachteile, die sich um die Kriterien Aktualität, Anzahl ausgewerteter Quellen, Suchoberfläche, Ergebnisanzeige und -weiterverarbeitung, Bedeutung von Werbung beim Ranking, oder Integration nicht-textueller Inhalte (z. B. Videos) drehen.

Für die simultane Suche in den Zeitungsarchiven ist das kommerzielle Portal **Genios Presse** die erste Wahl. Nach eigenen Angaben umfasst der Datenbestand rund 100 Millionen Artikel aus über 300 Tages- und Wochenzeitungen und Magazinen. Darin enthalten sind etwa 110 internationale Quellen, vorwiegend aus dem US-amerikanischen Raum. Der zeitliche Schwerpunkt liegt auf den letzten 15 Jahren, wobei einzelne Zeitungsarchive auch mit Beständen seit Mitte der 1980er Jahre enthalten sind. Die Aktualisierung erfolgt größtenteils täglich. Die Recherche und die Anzeige der Trefferkurzliste sind kostenfrei, die Anzeige des eigentlichen Dokuments ist kostenpflichtig. Hier lohnt das Nachfragen bei Ihrer Bibliothek, ob ein günstigerer Bezug des Volltextes möglich ist. Auch die Anschlussrecherche in einzelnen Zeitungsarchiven führt bisweilen zum Volltext, sofern ältere Artikel über die Webseite der Zeitung frei zugänglich sind. Vorbildlich bei der Suche nach und dem Zugriff auf Artikel sind die ZEIT und der Spiegel. Hier erübrigt sich eine Suche über Genios. Obwohl die *Erweiterte Suche* eine Eingrenzung nach Titel, Region, Ressorts, Quelle oder Zeiträumen erlaubt und für die Weiterverarbeitung der Ergebnislisten ein thematischer Filter benutzt werden kann, mindern die sehr knapp gehaltenen Kurzinformationen zu den einzelnen Treffern den Nutzen der Datenbank ungemein. Das daraus resultierende Problem der Relevanzbewertung eines Treffers und die teilweise erhöhten Beschaffungskosten eines Artikels stehen den unbestrittenen Vorteilen einer umfangreichen Quellenliste und der Volltextsuche gegenüber.

Für die Suche nach Artikeln aus der **internationalen Presse** existieren an deutschen Bibliotheken Alternativen zu Genios. Das Zeitungsportal **PressDisplay** bietet eine parallele Volltextsuche in über 1000 Zeitungen aus etwa 80 Ländern. Die Zeitungen werden im originalen Layout dargestellt. Als Einschränkungen sind das Fehlen wichtiger deutscher Tageszeitungen wie FAZ und SZ sowie die Begrenzung des

Archivs auf die letzten 90 Tage zu nennen. Eine kostenfreie Suchversion mit begrenzter Zugriffsfunktionalität (nur Ansicht auf Titelseiten, maximal zwei Artikel pro Tag und Ausgabe kostenfrei lesbar) wird ergänzend angeboten.

Mit einer besseren Abdeckung an deutschen Zeitungen und Magazinen kann **LexisNexis Academic** aufwarten. Zumeist als Wirtschaftsdatenbank an einigen Bibliotheken lizenziert, kann mit ihr der Datenbestand von fast vier Milliarden Dokumenten durchsucht werden. Dies beinhaltet Presse- und Wirtschaftsinformationen, Firmen- und Finanzinformationen, Länderberichte sowie juristische Informationen weltweit.

LexisNexis Academic

Bild, Ton, Film

Im Bereich der sozialwissenschaftlichen Inhaltsanalyse können weitere Medienformen aus dem Bereich der Massenmedien als Quellenmaterial von Bedeutung sein: Bild, Ton, Film.

Für die Bildersuche empfiehlt sich die Benutzung von Bildarchiven, -agenturen und -suchmaschinen: Das **Digitale Bildarchiv des Bundesarchivs** umfasst etwa elf Millionen Bilder zur deutschen Geschichte inklusive Fotos des Bundespresseamts seit 2008. Die Datenbank ermöglicht eine Volltext- und eine thematische Suche mittels Sach-, Personen- und Ortsklassifikationen. Recherche, Trefferanzeige und Download der Bilder mit Wasserzeichen sind kostenfrei, das Arbeiten mit reproduktionsfähigen Bildern ohne Wasserzeichen bedarf einer vorherigen Registrierung und ist häufig gebührenpflichtig. Ähnliches gilt auch für weitere staatlich finanzierte Bildarchive (**Bildarchiv Preußischer Kulturbesitz, Bildarchiv des Deutschen Historischen Museums, Deutsche Fotothek**), deren thematische Schwerpunkte stärker in der Geschichte, Kunst und Kultur zu verorten sind.

Öffentliche Einrichtungen

Als kommerzielle Anbieter sind für die Recherche die Bildagenturen **Corbis, Getty Images** und **ullsteinbild** zu nennen. Die umfangreichen Bestände und die Erschließung von Personen und Ereignissen der jüngeren und jüngsten Geschichte sind frei recherchierbar. Für die Weiterverarbeitung zu privatem, kommerziellem oder wissenschaftlichem Zwecke fallen indes Lizenzgebühren an. Frei zugänglich und unter Angabe der Quelle gegebenenfalls auch frei verwertbar sind hingegen die Bildbestände von **WikimediaCommons, Google Images** oder **Flickr**, die jedoch für die Politik- und Sozialwissenschaften relevantes Material nur bedingt beinhalten.

Kommerzielle Bildagenturen

Für die Suche nach **Audio**- und **Videodateien** (z. B. Dokumentationen, Nachrichtenaufzeichnungen, Filme) empfehlen sich je nach Fragestellung das **Deutsche Rundfunkarchiv**, die **Mediatheken** der **Öffentlich-**

Audio
Video

Rechtlichen Rundfunkanstalten, die **Mediathek** der **Bundeszentrale für politische Bildung** und weitere am **Netzwerk Mediatheken** beteiligte Institutionen sowie das **Bildungsportal** der **Landesfilmdienste/Landesmediendienste.** Alle Einrichtungen bieten spezielle Datenbanken für die Suche nach Audio- und Videodateien an, ergänzt um Themenportale und Publikationen. Aus rechtlichen Gründen ist die Nutzung bestimmter Angebote nur den jeweiligen Mitarbeitern vorbehalten.

Film Zusätzlich ist für die Film-Suche die **Virtuelle Fachbibliothek medien buehne film** zu empfehlen. Die Teilportale *Kommunikation und Medien* sowie *Film* führen zu umfangreichen Sammlungen von Internetressourcen, elektronischen Zeitschriften, Bibliothekskatalogen und Aufsatzdatenbanken. Hervorzuheben sind hier einerseits die Möglichkeiten einer Metasuche oder Teilsuche über die Aufsatzdatenbanken Online Contents Medien- und Kommunikationswissenschaft (ca. 550 000 Aufsätze und Rezensionen aus 535 Zeitschriften) sowie Online Contents Film und Theater (ca. 180 000 Aufsätze und Rezensionen aus etwa 190 Zeitschriften). Andererseits bietet die Integration des **Verbundkataloges Film** in die virtuelle Fachbibliothek zugleich die Chance einer simultanen oder getrennten Recherche nach etwa 400 000 Bänden Filmliteratur und 200 000 Filmen aus den 14 am Arbeitskreis Filmbibliotheken beteiligten Institutionen. Zu guter Letzt liefert auch das Fachportal **filmportal.de** durch seine thematischen Dokumentationen und durch die unterschiedlichen Sucheinstiege nach Personen, Titel oder Inhaltsbeschreibungen Einstiegspunkte für eine Filmsuche im Rahmen der Politik- und Sozialwissenschaften.

12 Suche in benachbarten Disziplinen: Psychologie, Pädagogik, Wirtschaftswissenschaft, Jura, Geschichte

Die Grenzen zwischen den Politik- und Sozialwissenschaften und weiterer sozialwissenschaftlichen Disziplinen als auch zu einzelnen Geisteswissenschaften lassen sich anhand der einzelnen Ressourcen nicht trennscharf nachzeichnen. Für die Recherche nach interdisziplinären Themen ist der Blick über den Tellerrand geboten. Es könnten hier wiederum eine Unzahl weiterer Angebote vorgestellt werden. Die im Folgenden kurz aufgezählten Beispiele bilden eine sinnvolle Auswahl und Ergänzung zu den Ihnen bereits bekannten Ressourcen, die teilweise auch für eine Suche in den unten stehenden Disziplinen ihre Bedeutung besitzen (z. B. IBSS). Zudem finden Sie in den einschlägigen Virtuellen Fachbibliotheken weitere Informationen.

Psychologie:
- **PsycINFO**: englischsprachige bibliographische Datenbank mit Abstracts aus der Psychologie und angrenzender Gebiete von der American Psychological Association, etwa 3,2 Millionen Datensätze (davon etwa 80% Zeitschriftenartikel, etwa 51 Millionen zitierte Referenzen), Berichtszeitraum ab 1806, wöchentliche Aktualisierung, thematische Suche mit *Thesaurus of Psychological Index Terms* und *Classification Codes*.   PsycINFO
- **PSYNDEX**: Referenzdatenbank für psychologische Literatur und Testverfahren aus dem deutschsprachigen Raum sowie psychologisch relevanter audiovisueller Medien vom Leibniz-Zentrum für Psychologische Information und Dokumentation (ZPID), etwa 200 000 Literarturnachweise, Berichtszeitraum für die verzeichnete Literatur ab 1977, wöchentliche Aktualisierung, thematische Suche mit *Thesaurus of Psychological Index Terms* und *Classification Codes* (analog zu PsycINFO) inkl. deutscher Übersetzung der Schlagwörter und Klassifikation.   PSYNDEX

Pädagogik:
- **ERIC**: englischsprachige bibliographische Datenbank mit Abstracts aus allen Bereichen der Pädagogik und Psychologie, finanziert durch das U.S. Department of Education, etwa 1,4 Millionen Datensätze (davon etwa 915 000 Zeitschriftenartikel, über 340 000 Datensätze mit Volltexten), Berichtszeitraum ab 1966, wöchentliche Aktualisierung, thematische Suche mit *Thesaurus of ERIC Descriptors* inkl. Grobkategorien.   ERIC
- **FIS Bildung Literaturdatenbank**: frei zugängliche, vorwiegend deutschsprachige bibliographische Datenbank zu allen Aspekten des Bildungswesens, koordiniert durch das Deutsche Institut für Internationale Pädagogische Forschung, ca. 780 000 Datensätze (davon etwa 430 000 Zeitschriftenartikel, etwa 15% elektronische Volltexte), vierteljährliche Aktualisierung, Verfügbarkeitsanzeige über die Zeitschriftendatenbank, thematische Suche mit Schlagwörtern und Register.   FIS Bildung

Wirtschaftswissenschaften:
- **EconLit**: lizenzpflichtige, bibliographische Datenbank mit dem Schwerpunkt auf englischsprachiger Literatur aus den Teilgebieten Volkswirtschaft, Wirtschaftsgeographie, -geschichte und -politik, weniger geeignet für die Suche nach betriebswirtschaftlicher   EconLit

Literatur, produziert durch die American Economic Association, über eine Million Datensätze (Schwerpunkt auf Zeitschriftenartikel und Working Papers), Berichtszeitraum seit 1969, thematische Suche mit *EconLit Subject Descriptors bzw. JEL Classification.*

RePEc

– **RePEc** (Research Papers in Economics) bzw. **IDEAS:** freie Datenbank mit Nachweisen zu Arbeitspapieren, Zeitschriftenaufsätzen und Büchern, Informationen zu Autoren und Institutionen, internationale Ausrichtung, über 1,1 Millionen Datensätze, mit umfangreicher Volltext-Verlinkung, thematische Suche über *JEL Classification.*

SSRN

– **Social Science Research Network:** Ähnlicher Ansatz wie RePEc, etwa 400 000 Arbeitspapiere, Pre- und Postprints etc. Volltextsuche und Browsing über Teilbestand *Political Science Network* möglich.

Jura:

beck-online

– **beck-online:** Modular aufgebaute Rechtsdatenbank mit Gesetzestexten, juristische Standardliteratur (Kommentaren, Handbüchern, Zeitschriften), Rechtsprechungssammlung.

Juris

– **Juris – Das Rechtsportal:** Juristisches Informationssystem mit Gesetzen, Verordnungen, (Verwaltungs-) Vorschriften sowie mit Literaturnachweisen, Kommentaren, Handbüchern und Lexika; Inhalte sind deutsches Bundesrecht, Landesrechte und Europarecht,

Westlaw

– **Westlaw International:** Rechtsinformationssystem für den angloamerikanischen Rechtskreis, teilweise auch Europarecht enthalten, Ansammlung von etwa 15 000 Einzel-Datenbanken unter einer Oberfläche, enthält abgeschlossene Rechtssammlungen, Gesetzes- und Entscheidungssammlungen sowie Zeitschriftenaufsätze, ergänzt um Volltextsuche und Zugriff auf Wirtschaftsinformationen und Zeitungsartikel der deutschen und internationalen Presse (ALLNEWS).

Geschichte:

Historical Abstracts

– **Historical Abstracts:** lizenzpflichtige bibliographische Datenbank zur Geschichte aller Länder (außer Nordamerika) von 1450 bis zur Gegenwart, vorwiegend Verzeichnung von Zeitschriftenartikeln, internationale sprachliche Abdeckung, Berichtszeitraum seit 1955, thematische Suche über englische Schlagwörter. Literaturnachweise zur amerikanischen Geschichte finden sich in der Datenbank **America: History and Life.**

– **Jahresberichte für Deutsche Geschichte**: frei zugängliche biblio- JDG
graphische Datenbank zur gesamten deutschen Geschichte von
der römisch-germanischen Zeit bis zur Gegenwart, enthält
deutsch- und fremdsprachige Literatur, Verzeichnung von Aufsätzen, Büchern, graue Literatur sowie Hochschulschriften (ca.
510 000 Datensätze), Berichtszeitraum ab 1974, thematische Suche über Zeitnotationen, Sachgruppen und Schlagwörter.

Außerdem finden Sie natürlich im Datenbank-Infosystem (DBIS) weitere sinnvolle Ressourcen.

13 Interaktion und Kommunikation: Fachliche und fächerübergreifende Web (2.0)-Informationsdienste

Wir haben uns bisher klassischen Recherchinstrumenten gewidmet, Web 2.0
die von Informationseinrichtungen oder kommerziellen Unternehmen
produziert und angeboten werden. Die Kommunikation läuft hier zumeist unilateral, d.h. eine Interaktion zwischen Informationsanbieter
und -nachfrager findet nur begrenzt statt. Nun wissen wir alle, dass
nicht erst seit Aufkommen von Web 2.0-Anwendungen wie Facebook,
Twitter, Blogs und Wikis die Interaktion und Kommunikation im Internet von großer Bedeutung ist, wenngleich Akteure aus dem wissenschaftlichen Bereich hier vorwiegend in Nischen oder mit Verzögerung
tätig bzw. durch die Fachöffentlichkeit nur begrenzt wahrgenommen
wurden. Einige Beispiele der Fachkommunikation seien hier exemplarisch aufgelistet. Diese helfen Ihnen, auf dem Laufenden zu bleiben, nützliche Informationen zu finden, oder sich in Diskussionen ein-
zubringen und sich mit der Fachcommunity zu vernetzen:

Mailinglisten:
– **H-Net – Humanities and Social Sciences Online** beinhaltet viele H-Net
fachspezifische Mailinglisten für Teilbereiche der Politik- und Sozialwissenschaften an. Wenngleich das als Netzwerk für die Fachkommunikation konzipierte Angebot seinen Schwerpunkt im Bereich Geschichte hat, sind gerade für eine regionalorientierte
Interessensausrichtung wertvolle Hinweise zu Konferenzen, neu-
en Publikationen, Webseiten, Stipendien oder Stellenangeboten
zu finden.
– Im britischen Angebot **JISC M@il** kann mit Stichwörtern oder in JISC M@il
thematischen Kategorien nach einer Vielzahl sozial- und politik-

wissenschaftlicher Ressourcen gesucht werden. Der Bereich *Social Studies* enthält knapp 200 Mailinglisten. Für die Entscheidungsfindung einer etwaigen Listensubskription helfen die durchgängig einsehbaren Listenarchive weiter.

DFNList

- Auf einer fächerübergreifenden Ebene liefert **DFNList** einen alphabetischen Überblick zu Mailinglisten, die vom Deutschen Forschungsnetz verwaltet werden. Für die Politik- und Sozialwissenschaften sind einige institutionelle und fachbezogene Listen aufgeführt. Auf internationaler Ebene kann das Suchsystem für Mailinglisten **CataList** benutzt werden, wenngleich die angebotenen Treffer eher institutionelle Mailinglisten sind bzw. nur von wenigen Personen abonniert werden.

SocioSite

- Ein unbedingt zu empfehlendes Projekt ist **SocioSite**, das Informationssystem der Universität Amsterdam für die Politik- und Sozialwissenschaften. Eigentlich als Fachportal bzw. als Verzeichnis von Internetquellen konzipiert, liefert es gerade unter den Kategorien *NewsGroups*, *NewsLetters*, *MailingLists* und *Weblogs* zahlreiche weiterführende Informationen. Alternativ erfolgt der Informationseinstieg über die etwa 180 thematischen Kategorien.

Weblogs:

Blog-Such-maschinen

Das wissenschaftliche Bloggen als eine neue Art der Forschungskultur und -kommunikation nimmt auch in den Politik- und Sozialwissenschaften langsam an Fahrt auf. Passende Blogs oder Blogbeiträge (Posts) finden Sie über die Blog-Suche der Suchmaschinen (z. B. **Google Blog Search**) oder über spezialisierte Blog-Suchmaschinen wie **Technorati, IceRocket** oder **Regator**, bei der gezielt auch nach akademischen Posts aus den Bereichen *Sociology* und *Political Science* gebrowst werden kann. Falls Sie interessante Blogs gefunden haben, können Sie diese per RSS-Feed abonnieren. Halten Sie hierzu Ausschau nach Icons wie 📶. Aus der Vielzahl der Blogs werden hier aufgrund ihrer Qualität, ihrer breiteren thematischen Abdeckung und ihrer Publikationsregelmäßigkeit exemplarisch genannt:

Wissen-schaftsblogs

- **ScienceBlogs** als englischsprachiges **Blogportal** umfasst mehrere Wissenschaftsdisziplinen, unter anderem *Politics*. Die Beiträge stammen von Wissenschaftlern aus (außer-)universitären Einrichtungen und von Wissenschaftsjournalisten. Das deutschsprachige Pendant bietet unter den Rubriken Politik bzw. Geistes- und Sozialwissenschaften wissenschaftlich fundierte, informative Beiträge.
- **SOZBlog** ist der noch junge Blog der Deutschen Gesellschaft für Soziologie, in dem regelmäßig über einen festen Zeitraum Wis-

senschaftler bloggen. Interessant ist hier das *Blogroll* als ein typisches Funktionselement, das auf zusätzliche relevante Fach-Blogs hinweist.

Weitere Fachgesellschaften präsentieren ihre Webseiten im Design eines Blogs und informieren hierüber über aktuelle Themen, so die International Studies Association, die International Political Science Association oder die Deutsche Gesellschaft für Auswärtige Politik.

Social Networking:

Im Allgemeinen werden Soziale Netzwerke wie Twitter, Facebook oder Google+ nicht als Kommunikationsmedien für das wissenschaftliche Arbeiten verstanden. Ein Trugschluss! Gerade die Vernetzung über diese Plattformen ermöglicht die Kontaktaufnahme, die Interaktion und den Informationsaustausch in aktuellerer, einfacherer und rascherer Form als dies klassische Publikationsorgane wie Bücher und Zeitschriften zu leisten vermögen. Eine sinnvolle Aktivität ist dazu das Verfolgen thematischer Listen in Twitter. Suchen Sie einfach mal nach „*twitter list sociology*" oder „*twitter list political science*" in einer Suchmaschine. Sie werden überrascht sein, wer sich alles im akademischen Bereich bereits auf dieser Plattform tummelt. Alternativ kann natürlich auch auf Facebook oder Google+ einer stetig steigenden Zahl von Wissenschaftlern oder Einrichtungen gefolgt werden. Sie werden sicherlich auch dort aktuelle Informationen oder wertvolle „Freunde" oder „Kreise" finden. Jenseits der sozialen Netzwerke für das Massenpublikum entwickelten sich in jüngster Zeit spezielle Netzwerke für den wissenschaftlichen Bereich, eines davon ist **ResearchGate**. Hierin finden Sie, nach *Researcher*, *Topics*, *Conferences* und *Publications* geordnet, zahlreiche Hinweise zu wissenschaftlichen Fragestellungen und können Diskussionen verfolgen oder sich an ihnen beteiligen. Zahlen gefällig? In ResearchGate sind den Politikwissenschaften etwa 14 000 registrierte Personen und über 300 000 Publikationen, aus den Sozialwissenschaften sogar über 60 000 Personen zugeordnet. Natürlich sind wie bei allen Netzwerken nur ein Teil der Personen aktiv beteiligt. Schauen Sie trotzdem vorbei! Sie werden den gewinnbringenden Nutzen schnell entdecken.

Soziale Netzwerke auch für die Recherche

Social Bookmarking Dienste:

Dienste wie **CiteULike, Connotea** oder **BibSonomy** ermöglichen das Abspeichern von Internet-Lesezeichen auf deren Plattformen. Diese kollektive Erschließung von Internetressourcen, die oftmals um inhaltliche Begriffe (*Tags*) ergänzt werden, ist eine neuere Form der Kolla-

Social Bookmarking

boration. Was kann hierbei für Sie von Nutzen sein? Sie werden beim Abspeichern Ihrer Lesezeichen automatisch mit weiteren Benutzern bzw. deren Links oder Tags vernetzt, so dass Sie ganz automatisch auf neue, interessante Ressourcen stoßen werden. Natürlich können Sie die Plattformen auch aktiv mit Hilfe der Tags durchsuchen.

Media Publishing und Sharing Plattformen:

Flickr und Youtube als Plattformen kennen so gut wie alle Personen, die sich im Netz bewegen. Die wenigsten kennen bzw. benutzen hingegen Plattformen wie **Scribd** oder **SlideShare**, auf denen auch wissenschaftliche Präsentationen der Öffentlichkeit zur Verfügung gestellt werden und nach diesen auch gesucht werden kann. Auch hier gilt: Versuchen Sie es aus! Sie werden sicherlich das eine oder andere Fundstück daraus mitnehmen. Da die darin enthaltenen Präsentationen keiner Vorab-Qualitätskontrolle unterliegen, gilt es stets, die gewonnenen Informationen genau zu beurteilen und abzuwägen, ob und wie sie im Rahmen einer wissenschaftlichen Arbeit Verwendung finden können. Dies gilt natürlich auch bei Treffern aus den bisher vorgestellten Ressourcen. Wie dies konkret gelingen kann, wollen wir uns im nächsten Kapitel anschauen.

Medien finden, Medien teilen

Informationen noch und noch – wie geht's weiter?

Sie haben es geschafft! Sie haben zahlreiche nützliche Ressourcen kennen gelernt, hoffentlich Passendes gefunden und machen sich jetzt an die Weiterverarbeitung Ihrer Informationen.

14 Bewerten

Sie halten nun Ihre Treffer als Literaturangaben oder auch schon im Volltext in den Händen und überlegen sich, was für die Arbeit verwendet werden kann und soll?

Für die **Relevanzbewertung** sind **inhaltliche Aspekte** prioritär. Ein Blick auf den Klappentext, ins Inhaltsverzeichnis, in die Einleitung oder in die Kurzzusammenfassung sind hier die ersten Schritte. Fragen Sie sich, ob das Buch und der Autor wissenschaftlichen Qualitätskriterien genügen. Stichwörter, die Ihnen hierzu im Studium sicherlich schon begegnet sind, lauten Objektivität, Reliabilität, Validität, Überprüfbarkeit, Relevanz oder logische Argumentation. Konkret können folgende Leitfragen eine Orientierung bieten:

- Wie lautet die Frage- und Problemstellung der Publikation? Finden sich Bezugspunkte zu Ihrer eigenen Fragestellung?
- Findet der aktuelle Forschungsstand Berücksichtigung?
- Welche theoretische Perspektive wird eingenommen?
- Liegen eine konsistente Hypothesenbildung und die Ableitung der Variablen vor? Stellen diese Anknüpfungspunkte für Ihre eigene Arbeit dar?
- Erscheinen Ihnen die Methodik und die Datenanalyse schlüssig?
- Wie schätzen Sie den generellen Erkenntnisgewinn und den wissenschaftlichen Wert der Arbeit ein?

Für die Beantwortung dieser Fragen benötigen Sie natürlich den Volltext. Liegt Ihnen dieser nicht vor, hilft die Relevanzbeurteilung anhand der **bibliographischen Angaben:**

1. **Autor:**

   Ist der Autor bekannt? Wurde er von Ihren Dozenten schon einmal erwähnt? Hat er zu diesem Thema schon publiziert? Wie ist sein akademischer Hintergrund? Ist er an einer anerkannten Hochschule oder Forschungseinrichtung tätig? Welchen Einfluss besitzt der Autor im Themengebiet? Einen Indikator finden Sie in der Zita-

tionsrate des Autors bzw. der Publikation. Schauen Sie hierzu im
Web of Science oder in Google Scholar nach. Im Grundsatz besteht
die Annahme: Je höher dieser Wert, desto höher die Reputation.

2. **Buch:**
   Ist der Titel in einem anerkannten Wissenschaftsverlag erschie-
   nen, z. B. Oxford University Press, Cambridge University Press, MIT
   Press, Palgrave-Macmillan, Routledge, Rowman & Littlefield,
   SAGE Publications, Springer Science, Nomos, VS-Verlag, Campus
   oder transcript? Wie sieht das sonstige Verlagsprogramm aus? Gibt
   es thematische Schwerpunkte des Verlages? Existieren schon
   Rezensionen zu dem Titel? Hier empfiehlt sich auch in den einschlägigen Rezensions- oder Fachdatenbanken, oder direkt in den
   Fachzeitschriften nach Reviews, Buchbesprechungen o. ä. zu
   schauen.

3. **Zeitschriftenartikel:**
   Wird die Zeitschrift auch von Ihren Dozenten als relevant angesehen? Werden die Artikel vor der Veröffentlichung durch unabhän-
   gige und anonyme Gutachter beurteilt? Gerade bei den Kernzeitschriften der Politik- und Sozialwissenschaften können Sie davon
   ausgehen, dass diese zumeist *double-blind peer reviewed* sind. Bei
   einigen Datenbanken können Sie übrigens auch gezielt nach begutachteten Zeitschriften suchen. Halten Sie Ausschau nach Filtern wie *Wissenschaftliche (von Experten geprüfte) Zeitschriften*
   oder *Durch Fachleute geprüft*.
   Besitzt die Zeitschrift einen **Impact Factor** bzw. ist als Kernzeit-
   schrift in einer der politik- oder sozialwissenschaftlichen Kategorien des **Journal Citation Report** gelistet? Dies kann ein Indiz
   für deren Relevanz sein. Wie oft wurde die vorliegende Arbeit bereits zitiert? Die Antwort auf die Frage finden Sie etwa im Web of
   Science oder in Google Scholar.

4. **Internetressourcen:**
   Aufgrund fehlender qualitätssichernder Instanzen im Netz ist das
   Prüfen der heterogenen Informationen ungleich schwieriger, dafür
   auch umso wichtiger. Generell sollten Sie Internetseiten, die nicht
   aus dem akademischen Bereich (Hochschulen, Forschungseinrichtungen, Fachgesellschaften, Wissenschaftsverlage etc.) stammen, sehr sorgfältig prüfen, bevor Sie sie in Ihrer Arbeit verwenden.
   – **Autor:**
     Wer ist der Autor der Seite? Finden Sie nähere Angaben wie
     Kontaktdaten, Referenzen (Akademische Titel, Auszeichnun-
     gen etc.)?

–   **Website:**
    Wer betreibt die Website? Eine Privatperson oder eine Institution? Können Sie anhand der Internetadresse etwa durch Adressbestandteile *edu* oder *uni* in der URL eine Zuordnung zu einer Hochschule vornehmen? Beinhaltet die Website Werbeeinblendungen?
–   **Text:**
    Beinhaltet der Text ein Veröffentlichungs- oder Aktualisierungsdatum? Enthält der Text überhaupt und ausreichend Literaturangaben? Welchen Eindruck hinterlassen Form und Inhalt des Textes auf Sie? Ist der Text dauerhaft z. B. auf einem fachlichen oder institutionellen Dokumentenserver zugänglich und damit auch zitierbar?

15 Beschaffen

Nach der Recherche geeigneter Literatur erfolgt deren Beschaffung. Im günstigsten, aber leider nicht im häufigsten Fall führen Ihre gefundenen Literaturangaben aus einem Katalog, einer Datenbank oder aus einer wissenschaftlichen Suchmaschine direkt zum elektronischen Volltext, oder zur Möglichkeit, diesen über lokale Bibliothekskataloge auszuleihen bzw. über lizenzierte Angebote Ihrer Bibliothek darauf zu zugreifen. Gelingt dies nicht, existieren folgende Alternativen:

1. **Fernleihe:**
    Der klassische Weg der Dokumentbeschaffung von nicht vor Ort vorhandener Literatur läuft über das System der nationalen oder internationalen Fernleihe. Hierzu geben Sie an Ihrer Heimatbibliothek eine gebührenpflichtige Bestellung auf, alles Weitere regeln die bestellenden und liefernden Bibliotheken untereinander. Die Bücher werden direkt an Ihre Bibliothek geliefert, die Sie über den Eingang informiert. **Vorteile:** Dieser Beschaffungsweg ist relativ kostengünstig und für Bücher und Zeitschriftenartikel möglich. **Nachteile:** Die Lieferung kann teilweise bis zu vier Wochen dauern und aufgrund des Alters oder der Form sind wertvolle Publikationen in der Regel von der Fernleihe ausgenommen.

2. **Dokumentlieferdienste:**
    Wenn es schneller gehen soll, sind Dokumentlieferdienste zu empfehlen, die Ihnen die Literatur direkt nach Hause liefern. Im deutschsprachigen Raum ist hier **subito – Dokumente aus Bibliotheken e.V.** zu nennen, der innerhalb ein bis drei Tagen liefert. Der Versand der Kopien erfolgt per Fax, Post oder auf elektronischem

subito

Weg. Die Ausleihe von Büchern ist zusätzlich möglich. Der Service ist zwar schneller, dafür auch teurer als die Fernleihe. Zusätzlich zum Direktbezug von Artikeln über die Webseite der Zeitschrift oder des Verlages helfen auf internationaler Ebene auch der **Document Supply Service** der British Library oder der kommerzielle Lieferdienst **Ingentaconnect** bei der Beschaffung von Zeitschriftenaufsätzen weiter, allerdings oftmals zu exorbitanten Preisen.

3. **E-Books on demand:**
   Nicht jedes Buch kommt in die Fernleihe oder ist über Dokumentlieferdienste erhältlich. Um Interessierten die Möglichkeit zu geben, auch ohne eine extra Anreise von wertvollen Publikationen aus dem Zeitraum 1500–1900 profitieren zu können, existiert das **eod eBooks**-Netzwerk aus 30 National-, Staats- und Universitätsbibliotheken aus 12 europäischen Ländern. Falls ein Treffer im Katalog einer der beteiligten Bibliotheken das eod-Symbol enthält, kann eine kostenpflichtige Digitalisierung des Werkes in Auftrag gegeben werden. Zusätzlich zur elektronischen Fassung kann auch ein Reprint der Publikation mitgeliefert werden. Die Kosten sind teilweise sehr erheblich. Überprüfen Sie daher vor einer Auftragserteilung, ob die Publikation nicht schon über Volltextangebote wie Google Books, HathiTrust oder zvdd erhältlich ist.

16 Exportieren

Für die Weiterverarbeitung Ihrer Trefferlisten stehen Ihnen in Datenbanken folgende Funktionen zur Verfügung:
- **Drucken**
- **E-Mail:** elektronischer Versand über hinterlegte Mail-Formulare,
- **Speichern:** Neben dem Abspeichern auf eigenen Datenträgern bieten fast alle Datenbanken auch das Speichern innerhalb persönlicher Accounts (z. B. *Mein wiso*, *My research* etc.) an. Dieser Service ist kostenfrei, zumeist zeitlich limitiert, allerdings verlängerbar.

Zusatzfunktionen einiger Datenbanken:
- **Alerts/RSS-Feeds:** Eine Sonderform ist das Abspeichern der Suchanfragen, um zukünftig automatisch über neue Treffer informiert zu werden. Die Benachrichtigungen werden entweder als Alerts in E-Mail-Form oder per RSS-Feeds empfangen. Grundvoraussetzung für diesen Mehrwert ist das Einrichten eines persönlichen Accounts. Sinnvoll ist diese Funktion nicht nur bei eigenen Suchanfragen, sondern auch, wenn Sie auf dem Laufenden blei-

ben wollen über neue Artikel einer Zeitschrift oder über neue Literatur an Ihrer Bibliothek. Schauen Sie daher, welche der von Ihnen präferierten Ressourcen was in diesem Kontext anbietet.

– **Bookmarking:** Einige Datenbanken bieten auch den Datenexport in Web 2.0-Anwendungen wie Facebook, Twitter oder Social-Bookmarking-Diensten wie etwa Delicious an.
– **Exportieren:** Den größten Nutzen für die Erstellung Ihrer Arbeit bringt der Export in Literaturverwaltungsprogramme, die im folgenden Abschnitt näher erklärt werden.

17 Verwalten

Literaturverwaltungsprogramme helfen ungemein bei der Dokumentation Ihrer Trefferlisten in Form von strukturierten Informationen, bei der Verwaltung dieser Daten und bei der Weiterverarbeitung im Rahmen des eigentlichen Schreibprozesses. Viele der bisher vorgestellten Kataloge, Datenbanken und Suchmaschinen erlauben einen automatischen Export in unterschiedliche Literaturverwaltungen. Exemplarisch erfolgt ein Export wie folgt:

1. Die Suche in einer Datenbank führt zu relevanten Treffern. Über die Funktion *Exportieren* können die Literaturangaben in ein Literaturverwaltungsprogramm übertragen werden.

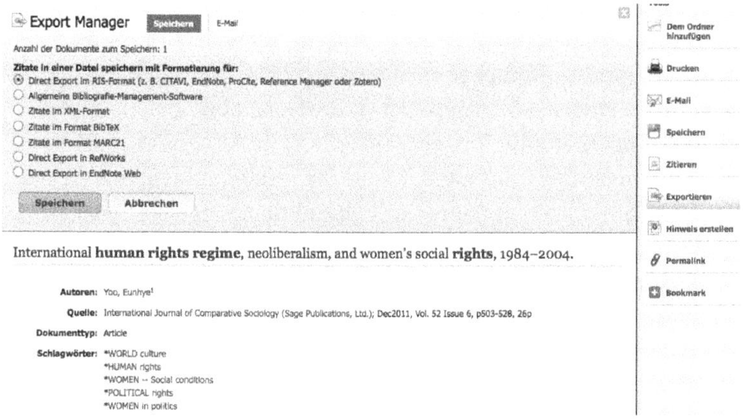

Abb. 27: Export-Funktion in SocINDEX (Stand: 5. 3. 12)

2. Der Export erfolgt automatisch. Die strukturierten Daten können Sie Ihrerseits um weitere Informationen wie Notizen oder Tags ergänzen.

Abb. 28: Exportierter Treffer in Zotero (Stand: 5. 3. 12)

3. Die automatische Erstellung eines Literaturverzeichnisses funktioniert über die Funktion „Literaturverzeichnis erstellen" und liefert Ihnen im Ergebnis:

Yoo, E. „International human rights regime, neoliberalism, and women's social rights, 1984–2004". *International Journal of Comparative Sociology* 52.6 (2012): 503–528.

Warum sollten Sie diese Arbeitsschritte der Übernahme von Literaturangaben aus einer Informationsressource nicht per *copy and paste* erledigen? Weil Literaturverwaltungsprogramme noch **viel mehr Komfort** bieten.

Lassen Sie uns deshalb die wesentlichen **Funktionen** einer Literaturverwaltung näher anschauen:

Mehrwert von Literaturverwaltungsprogrammen

– **Datenerfassung:** Sie können bibliographische Angaben per Hand, oder automatisch aus Textdateien, oder per Exportfunktion aus Katalogen, Datenbanken oder Webseiten erfassen. Falls die Lizenzen an den Bibliotheken vorhanden sind, können auch die zugrunde liegenden lizenzpflichtigen Volltexte mit abgespeichert werden.

– **Datenbearbeitung:** Ihre gespeicherten Literaturangaben können Sie problemlos bearbeiten, indem Sie Anmerkungen, Schlagwörter o.ä. ergänzen und mittels Suchfunktionen neu sortieren.

– **Datenexport:** Mit Ihren Datensätzen können automatisch Literaturverzeichnisse in Form verschiedener Zitierstile erstellt und diese automatisch in Ihren eigenen Text eingebunden werden. Warum ist dies wichtig? Bei wissenschaftlichen Arbeiten gilt die Belegpflicht, d. h. Sie müssen fremde Ideen, Gedanken, Formulierungen etc. zitieren und diese Zitate in Form von bibliographischen Angaben in Ihrer Arbeit aufführen. Da hierzu gewisse Regeln zu beachten sind (s. Kap. 18), stellen Literaturverwaltungsprogramme außer bei der Dokumentation Ihrer Suchergebnisse auch bei der Generierung der Literaturverzeichnisse eine wesentliche Arbeitserleichterung dar.

Weitere Funktionen, die nicht alle Literaturverwaltungen besitzen:

- **Informationssuche**: Sie können mit Angeboten wie *Citavi* zugleich eine Suche in unterschiedlichen Quellen (Bibliothekskataloge, Fachdatenbanken), den Datenexport sowie die Verfügbarkeitsrecherche, ob diese Publikation an Ihrer Bibliothek vorhanden ist, realisieren.
- **Wissensorganisation/Ideenverwaltung**: Sie können Literaturangaben, Zitate und eigene Ideen kategorisieren werden und als Bestandteile einer Textgliederung zusammen geführt werden.
- **Teamzusammenarbeit**: Falls Sie mit mehreren Personen an Projekten arbeiten, ermöglichen Team-Lösungen mit unterschiedlichen Berechtigungsstufen (schreibender oder nur lesender Zugriff) die kooperative Volltextauswertung, die Analyse von Literaturangaben sowie die Aufgabenplanung.

Der Markt der Literaturverwaltungsprogramme teilt sich in kostenpflichtige (z. B. Citavi Pro, EndNote, RefWorks etc.) und kostenfreie (z. B. Mendeley, Citavi Free, Zotero etc.) Angebote auf. Bevor Sie selbst eine Lizenz erwerben, überlegen Sie, was Sie konkret benötigen, wie viel Zeit Sie für die Einarbeitung in ein Programm zur Verfügung haben und informieren Sie sich, ob und wenn ja, welches Literaturverwaltungssystem an Ihrer Hochschule bereits zum Einsatz kommt. Näheres erfahren Sie von Ihrer Hochschulbibliothek, die in der Regel auch spezielle Schulungen zur Literaturverwaltung anbietet.

Vielleicht ist ja für Ihr Vorhaben auch schon der relativ einfache Umgang mit **Social-Bookmarking-Diensten** ausreichend. Für den wissenschaftlichen Gebrauch lohnt hier ein Blick auf die webbasierten, frei zugänglichen Angebote wie Mendeley, CiteULike, Connotea, Bib Sonomy, LibraryThing, WorldCat etc., die weniger Komfort als die oben beschriebenen Angebote beinhalten, dafür zusätzlich das Entdecken neuer Quellen befördern können. .

Social Bookmarking für die Literaturverwaltung

18 Zitieren

Warum?

Die korrekte Verwendung von Zitaten ist das oberste formale Gebot bei der Erstellung einer wissenschaftlichen Arbeit, gleichgültig ob es sich um eine Seminar- oder Doktorarbeit handelt. Die Ideen und die Arbeiten Anderer im eigenen Text in Form von Quellenangaben kenntlich zu machen, erfüllt mehrere Funktionen:

- Nachweis über eigenen Kenntnisstand und Verständnis der Literatur,
- Unterstützung der eigenen Argumentationskette,
- Überprüfbarkeit der Aussagen durch die Leserschaft,
- Ehrlichkeit und Respekt vor geistigem Eigentum als Voraussetzung von Wissenschaftlichkeit.

Gerade der letzte Aspekt gewann in jüngerer Zeit im Zusammenhang mit Plagiaten an Aufmerksamkeit.

Plagiat Ein **Plagiat** ist die Aneignung und Übernahme fremder geistiger Errungenschaften, in unserem Kontext Ideen, Darstellungen oder Textformulierungen, unter Verzicht der Nennung des Urhebers. Warum ist dies **unbedingt** zu **vermeiden**? Das Arbeiten im wissenschaftlichen Bereich setzt an alle Akteure, an Studierende wie auch Dozenten, bestimmte ethische und auch juristische Maßstäbe. Mit der Abgabe Ihrer Arbeit versichern Sie schriftlich, dass Sie diese selbständig verfasst und ausschließlich die angegebenen Quellen und Hilfsmittel verwendet sowie fremde Gedanken und Formulierungen kenntlich gemacht haben. Als Gegenleistung erwarten Sie aufgrund Ihrer eigenen Leistung von Ihrem Dozenten Credit Points oder gar einen Abschluss. Letztlich ist es also ein Tauschgeschäft des Gebens und Nehmens, in dem sich beide Seiten auf den Grundsatz von Treu und Glauben verlassen. Und so wie wir nicht gerne im Alltag getäuscht werden, gilt dies auch im wissenschaftlichen Bereich. Weit schwerwiegender: natürlich kann das Erschummeln einer Leistung auch rechtliche Konsequenzen bis hin zur Aberkennung des Doktorgrades nach sich ziehen. Deshalb: Bedienen Sie sich ungezügelt der wissenschaftlichen Informationsfülle, die heutzutage dank des Internets leicht zugänglich ist, nur vergessen Sie bitte **NIE** und unter **KEINEN** Umständen, die Urheber der Informationen in Ihrer Arbeit korrekt zu erwähnen.

Was?

Grundsätzlich sollen Sie alle fremden Inhalte unter Angabe der Quelle belegen, beispielsweise Ideen, Formulierungen, Grafiken, Bilder, Datensammlungen etc. Entbehrlich bleibt das Belegen von reinem Allgemein- oder Faktenwissen. Die verwendete und zitierte Literatur wird von Ihren Dozenten dann anerkannt werden, wenn sie wissenschaftlichen Standards genügt. Bewerten Sie daher Internetpublikationen, die ggf. weder Verfasser- noch Titelangaben enthalten, oder eines nicht nachvollziehbaren Ursprungs entstammen, sehr kritisch. Der wissenschaftliche Mehrwert bestimmt letztlich den Nutzen einer Quelle. Die Bedeutung der Qualität der benutzten Literatur ist wichtiger als die Quantität. Sie müssen nicht viel, sondern das Richtige zitieren.

Wie?

Oberste Maxime ist die Nachprüfbarkeit der zitierten Aussagen. Welchen konkreten Zitierstil Sie dabei verfolgen sollten, ist von Fach zu Fach sowie von Einrichtung zu Einrichtung recht unterschiedlich. Erkundigen Sie sich an Ihrer Einrichtung bzw. bei Ihren Dozenten, welche Bestimmungen in welcher Art und Weise zur Anwendung kommen.

Grundprinzipien des Zitierens:

Grundprinzipien

- Zitieren Sie die Originalarbeit und verzichten Sie auf Übersetzungen aus geläufigen Sprachen.
- Benutzen Sie bei mehreren Auflagen eines Werkes die jeweils aktuellste Fassung, beispielsweise bei Lehrbüchern.
- Vermeiden Sie das Zitieren aus zweiter Hand, also die Übernahme von Zitaten aus Werken, die Ihnen nicht vorliegen und Sie diese daher auch nicht überprüfen können.
- Direkte Zitate werden in Anführungszeichen gesetzt.
- Veränderungen an direkten Zitaten bedürfen der Kenntlichmachung.
- Indirekte, sinngemäße Zitate erfolgen ohne Hervorhebung im Fließtext.

Es gibt zwei gängige Herangehensweisen bei der Zitierung von Literatur:

1. Hinter dem Zitat im Text führt eine Fußnotennummer zur exakten Literaturangabe in Langform in der Fußnote am Ende der Seite (**klassische Variante**).
2. Hinter dem Zitat im Text wird die Quelle in Kurzform genannt. Die Langform der Literaturangabe steht im Literaturverzeichnis am Ende des Textes (**amerikanische Variante**).

Klassische vs. amerikanische Variante

In den Politik- und Sozialwissenschaften setzt sich immer mehr die zweite Variante durch, die im Folgenden anhand des **Harvard Referencing** näher betrachtet wird.

Hierbei folgt der in Klammer gesetzte Literaturverweis hinter dem Zitat der Reihenfolge Autor – Jahr, ggf. Seitenangabe. Einige Beispiele sollen dies verdeutlichen:

… (Schneider 1985).	Ein Verfasser, ohne Seitenangabe
… (Schneider 1985, p. 34).	Ein Verfasser, mit einer Seitenangabe (englische Variante)
… (Schneider 1985, pp. 27–38).	Ein Verfasser, mehrere Seiten (englische Variante)
… (Keohane/Nye 1977).	Zwei Verfasser, ohne Seitenangabe
… (King et al. 1994).	Bei mehr als zwei Verfassern wird nur der Erste genannt und um den Zusatz et al. ergänzt.
… (Miller 2004, 2007).	Mehrere Werke eines Autors
… (Smith 2008a, 2008b).	Mehrere Werke eines Autors aus dem gleichen Jahr
… (Esser 1980, Oswald 2007, Pries 2001).	Mehrere Werke zu einem Thema von unterschiedlichen Autoren werden nach den Anfangsbuchstaben der Autoren geordnet.
… (OECD 2008).	Publikation einer Organisation, bei der kein Verfasser genannt wird. Das Akronym wird im Literaturverzeichnis aufgelöst.

Im Harvard Referencing wird die Benutzung von Fußnoten nicht per se ausgeschlossen, gleichwohl nur sehr sparsam und ausschließlich für weiterführende, wichtige Hinweise benutzt.

Grundprinzipien im Literaturverzeichnis am Ende des Textes:

Literatur-
verzeichnis
– Das Literaturverzeichnis beinhaltet alle im Text erwähnten Verweise mit ihren bibliographischen Angaben, um den Lesern das Auffinden der Literatur zu ermöglichen. Dabei folgt die Quellenangabe im Literaturverzeichnis wiederum festen Konventionen.
– Die konkreten Angaben der bibliographischen Informationen variieren je nach Publikationsform (Buch, Zeitschriftenartikel, Internetdokument etc.).
– Eine Unterscheidung nach Publikationsformen innerhalb des Literaturverzeichnisses entfällt in der Regel. Bei Verwendung zahlreicher Primärquellen kann es sinnvoll sein, diese getrennt von den Sekundärquellen aufzuführen.
– Das Ordnungsschema erfolgt alphabetisch nach den Nachnamen des ersten Autors. Bei mehreren Werken eines oder mehrerer Autoren werden diese chronologisch aufsteigend sortiert, also mit Nennung der ältesten Arbeit zuerst.

- Bei mehreren Werken eines oder mehrerer Autoren aus demselben Jahr erfolgt deren Sortierung alphabetisch nach Titel und den Zusätzen a, b, c etc. hinter dem Publikationsjahr.
- Es wird ein Erscheinungsort angegeben und zwar der erste, der im Werk selbst genannt wird.
- Gerne werden bei Zeitschriftenartikel der Titel der Zeitschrift und bei Monographien und Sammelwerken der Titel des Buches kursiv gesetzt.
- Es existieren Unterschiede zwischen der deutschen und amerikanischen Verwendung, so z. B. für Herausgeberschriften entweder *Hrsg.*, oder *ed.* für editor, oder *eds.* für editors. Benutzen Sie daher auch hier durchgängig eine Variante.
- Das Harvard Referencing erlaubt leichte Abwandlungen (z. B. Nennung des ganzen Vornamens oder nur der Initialen) zu den unten genannten Beispielen. Die Hauptsache: Alle Literaturangaben werden nach dem gleichen Muster aufgeführt.

Für Artikel in Zeitschriften/Journals gilt:

Nachname, Vornamensinitiale (Publikationsjahr): Titel. Zeitschrift, Band oder Jahrgang (Heftnummer): Seitenzahlen.

Zeitschriften-artikel

Nedergaard, P. (2006): Policy learning in the European Union: The case of the European Employment Strategy. *Policy Studies* 27(4): 311–323.

Besonderheiten bei Zeitschriftenartikel:
- Jede Zeitschrift hat ihr eigenes Nummerierungssystem bzgl. Jahreszahlen, Band- oder Heftnummern. Die Jahrgänge einer Zeitschrift decken sich nicht zwangsläufig mit dem Kalenderjahr. So können zwei Aufsätze eines Autors zwar aus dem Jahre 2010 in der Zeitschrift X erschienen sein, allerdings der eine Artikel in Band 40 und der andere in Band 41.
- Falls die Seitennummerierung in einem Jahrgang durchgängig erfolgt, kann die Heftnummer entfallen.

Für Monographien gilt:

Nachname, Vornamensinitiale (Publikationsjahr): Titel. Veröffentlichungsort: Verlag.

Monographie

Hirschman, A. O. (1970): *Exit, Voice, and Loyalty: Responses to Decline in Firms, Organizations, and States. Cambridge, Mass.: Harvard University Press.*

Besonderheiten bei Monographien:
- Falls Sie aus einer Auflage jenseits der Originalausgabe zitieren, geben Sie hinter dem Titel an, welche dies ist.

Für Sammelwerke/Herausgeberschriften gilt:

Sammelwerk/ Herausgeberschrift

Nachname, Vornamensinitiale (Hrsg. bzw. ed., oder eds.) (Publikationsjahr): Titel. Veröffentlichungsort: Verlag.

Wunderlich, J.-U. and Bailey, D.J. (eds.) (2011): *The European Union and Global Governance*. London: Routledge.

Besonderheiten bei Sammelwerken:
- Existieren mehr als vier Herausgeber, so wird nur der erste Herausgeber genannt und mit et al. (Kurzform für et alii = und andere) ergänzt.

Für Beiträge in Sammelwerken/Herausgeberschriften gilt:

Beitrag in Sammelwerk/ Herausgeberschrift

Nachname, Vornamensinitiale (Publikationsjahr): Titel. In: Vornamensintiale Nachname des Herausgebers (Hrsg. bzw. ed., oder eds.): Titel des Sammelbandes. Veröffentlichungsort: Verlag, Seitenzahlen.

Häussermann, H. (2007): The Socially Integrative City: Results of the Interim Evaluation of a German Programme. In: W.J.V. Neill and H.-U. Schwedler (eds.): *Migration and Cultural Inclusion in the European City*. Basingstoke, Hamp.: Palgrave-Macmillan, 148–158.

Besonderheiten bei Sammelwerken/Herausgeberschriften:
- Nennen Sie immer den einzelnen Autor bzw. die einzelnen Autoren eines Beitrages, nicht nur das Sammelwerk als Ganzes.
- Die nochmalige Auflistung desselben Werkes unter dem Namen der Herausgeber im Literaturverzeichnis findet nicht statt.
- Artikel in Lexika oder Wörterbüchern folgen der gleichen Zitierform.

Internetdokumente:

Eine gewisse Vorsicht sollten Sie Internetpublikationen entgegen bringen, bei denen weder Verfasser noch die dahinter stehende Institution genannt sind. So hilfreich etwa die Wikipedia sein kann, als Beleg in wissenschaftlichen Arbeiten wird sie von Dozenten nicht akzeptiert werden. Achten Sie daher bei Internetpublikationen auf ihren konkreten wissenschaftlichen Mehrwert für Ihre Arbeit. Die Verwendung von wenigen Internetpublikationen ist hier oftmals mehr. Dies gilt natürlich nicht für elektronische Angebote in Form von Zeitschriften oder Büchern, die Sie im Netz gefunden haben. Das Belegen von Internetdokumenten folgt der gleichen Logik wie der von Artikeln oder Monographien, allerdings wird am Ende in Klammern noch die URL und das Datum des letzten Zugriffs angegeben.

Organisation for Economic Co-Operation and Development (2011): *OECD Guide to Measuring the Information Society 2011*. Paris. [http://www.oecdbookshop.org/ oecd/display.asp?sf1=identifiers&st1=9789264113541, letzter Zugriff: 14. 1. 2012].

Internet-dokument

Weitere Publikationsformen wie Dokumente staatlicher oder internationaler Institutionen, Gesetzesdokumente, Presseartikel oder statistische Angaben folgen den beschriebenen Grundsätzen der **Exaktheit** und **Konsistenz** in der Darstellungsweise. Für die konkrete Ausgestaltung erkundigen Sie sich bei Ihren Dozenten, an Ihrer Bibliothek oder suchen im Internet beispielsweise nach den Begriffen *Harvard Zitiersystem* oder *Harvard Referencing*.

Wir sind jetzt am Ende unseres Ritts durch die Informationssuche und -verarbeitung angelangt. In der Hoffnung, dass Sie nun gut gewappnet sind, um Ihre Arbeit bewältigen zu können, verabschieden wir uns und wünschen **eine erfolgreiche Recherche in den Politik- und Sozialwissenschaften**!

Car il est bien plus beau de savoir quelque chose de tout
que de savoir tout d'une chose. Cette universalité est la plus belle.
Blaise Pascal
Pensées sur l'esprit et le style (1660)

Anstelle eines Glossars

Ein ausführliches Glossar mit Erläuterungen zu allen Begriffen, die bei der Literatur- und Informationsrecherche eine Rolle spielen, würde den Umfang dieses Buches sprengen und liegt zudem in einer kostenfreien Online-Version bereits vor. Verlässliche Erläuterungen zu allen Fachbegriffen, die Ihnen in diesem Buch – oder auch in anderen Zusammenhängen – begegnen, bietet das **Glossar** auf der Website **informationskompetenz.de** – *Vermittlung von Informationskompetenz an deutschen Bibliotheken*. Neben den Definitionen der Begriffe finden Sie bei vielen Einträgen auch verwandte, über- und untergeordnete Begriffe sowie Beispiele und Links auf externe Angebote.

Ressourcenverzeichnis

Der Zugriff auf lizenzpflichtige Ressourcen erfolgt am einfachsten über das Datenbank-Infosystem (DBIS) oder über den Katalog Ihrer Einrichtung.

Die angegebenen URLs zu den Ressourcen führen in der Regel nicht zur Suchoberfläche, sondern zur Webseite des Angebotes bzw. des Anbieters.

50 Klassiker der Soziologie
http://agso.uni-graz.at/lexikon/
Abstracts in Social Gerontology (lizenzpflichtig)
http://www.ebscohost.com/academic/abstracts-in-social-gerontology
ALLBUS
http://www.gesis.org/allbus
America: History and Life (lizenzpflichtig)
http://www.ebscohost.com/public/america-history-and-life
ANNO, s. Austrian Newspapers Online
Applied Social Sciences Index and Abstracts (ASSIA) (lizenzpflichtig)
http://www.csa.com/factsheets/assia-set-c.php
Ariadne
http://www.onb.ac.at/ariadne/ariadne_datenbank.htm
ASSIA, s. Applied Social Sciences Index and Abstracts (lizenzpflichtig)
Austrian Newspapers Online (ANNO)
http://anno.onb.ac.at/
BASE, s. Bielefeld Academic Search Engine
Basisklassifikation (BK)
http://www.gbv.de/vgm/info/mitglieder/02Verbund/01Erschliessung/
    02Richtlinien/05Basisklassifikation/index
beck-online (lizenzpflichtig)
http://beck-online.beck.de/default.aspx
BibSonomy
http://www.bibsonomy.org/
Bielefeld Academic Search Engine (BASE)
http://www.base-search.net
Bildarchiv des Deutschen Historischen Museums
http://www.dhm.de/datenbank/bildarchiv.html
Bildarchiv Preußischer Kulturbesitz
http://bpkgate.picturemaxx.com/webgate_cms/
Bildungsportal der Landesfilmdienste/Landesmediendienste
http://www.landesfilmdienste.de/
Bing
http://www.bing.com
BK, s. Basisklassifikation
bund.de – Verwaltung online
www.bund.de
Cambridge Books Online (Cambridge University Press) (lizenzpflichtig)
http://ebooks.cambridge.org/
Cambridge Journals Digital Archive (lizenzpflichtig)
http://journals.cambridge.org/action/displaySpecialPage?pageId=852

CataList
http://www.lsoft.com/catalist.html
CESSDA, s. Council of European Social Science Data Archives
Chronicling America
http://chroniclingamerica.loc.gov/
CIA – The World Factbook
https://www.cia.gov/library/publications/the-world-factbook/
Ciando
http://www.ciando.com/
CIAO, s. Columbia International Affairs (lizenzpflichtig)
Citavi
http://www.citavi.com/
CiteSeer
citeseer.ist.psu.edu/
CiteULike
http://www.citeulike.org/
Clio-online – Fachportal für die Geschichtswissenschaften
http://www.clio-online.de/
Columbia International Affairs (CIAO) (lizenzpflichtig)
http://www.ciaonet.org/
CompletePlanet
http://completeplanet.com
Connotea
http://www.connotea.org/
Corbis
http://www.corbisimages.com/
CORDIS
http://cordis.europa.eu/
Council of European Social Science Data Archives (CESSDA)
http://www.cessda.org/accessing/catalogue/
Data For Research
http://about.jstor.org/node/19881
Data-Pass, s. Data Preservation Alliance for the Social Sciences
Data Preservation Alliance for the Social Sciences
http://www.data-pass.org/
Dataverse Network Project des Institute for Quantitative Social Science (IQSS)
http://dvn.iq.harvard.edu/dvn/
Datenbank-Infosystem (DBIS)
http://rzblx10.uni-regensburg.de/dbinfo
DBIS, s. Datenbank-Infosystem
DDB, s. Deutsche Digitale Bibliothek
DDC, s. Dewey Decimal Classification
De Gruyter Online (De Gruyter)
http://www.degruyter.com/
Destatis
http://www.destatis.de/jetspeed/portal/cms/
Deutsche Digitale Bibliothek (DDB)
http://www.deutsche-digitale-bibliothek.de/
Deutsche Fotothek
http://www.deutschefotothek.de

Deutsches Rundfunkarchiv
http://www.dra.de/
Dewey Decimal Classification (DDC)
http://www.ddc-deutsch.de/
DFNList
http://www.listserv.dfn.de/
Digi20
http://digi20.digitale-sammlungen.de/
Digitale Bildarchiv des Bundesarchivs
http://www.bild.bundesarchiv.de/index.php?switch_lang=de
DigiZeitschriften (lizenzpflichtig)
http://www.digizeitschriften.de/
DIP, s. Dokumentations- und Informationssystem für Parlamentarische Vorgänge
Directory of Open Access Journals (DOAJ)
http://www.doaj.org/
DissOnline
http://www.dissonline.de/
DOAJ, s. Directory of Open Access Journals
Document Supply Service (British Library)
http://www.bl.uk/articles
Dokumentations- und Informationssystem für Parlamentarische Vorgänge (DIP)
http://dipbt.bundestag.de/dip21.web/bt
DZI SoLit (lizenzpflichtig)
http://www.dzi.de/dzi-institut/literaturdatenbank/solit/
ECLAS
http://ec.europa.eu/eclas
EconBiz
http://www.econbiz.de/search/suche/suche-ueberall/
EconLit – Virtuelle Fachbibliothek Wirtschaftswissenschaften (lizenzpflichtig)
http://www.aeaweb.org/econlit/index.php
Electronic Theses Online Service (EThOS)
http://ethos.bl.uk/
Elektronische Zeitschriftenbibliothek (EZB)
http://rzblx1.uni-regensburg.de/ezeit/
Encyclopaedia Britannica
http://www.britannica.com/
EndNote (lizenzpflichtig)
http://www.endnote.com/
eod eBooks
http://www.books2ebooks.eu/de
ERIC
http://www.eric.ed.gov/
EThOS, s. Electronic Theses Online Service
EUR-Lex
http://eur-lex.europa.eu/de/index.htm
Eurobarometer
http://ec.europa.eu/public_opinion/cf/index_en.cfm
Europa – Das Portal der Europäischen Union
europa.eu

Europeana
http://www.europeana.eu/portal/
European Social Survey
http://www.europeansocialsurvey.org/
Eurostat
http://epp.eurostat.ec.europa.eu/portal/page/portal/eurostat/home/
EuroVoc
http://eurovoc.europa.eu/
EVIFA – Virtuelle Fachbibliothek Ethnologie
http://www.evifa.de/cms/
EZB, s. Elektronische Zeitschriftenbibliothek
Fachportal Pädagogik
http://www.fachportal-paedagogik.de/
Family Studies Abstracts (lizenzpflichtig)
http://www.ebscohost.com/academic/family-studies-abstracts
FAOSTAT
http://faostat.fao.org
filmportal.de
http://www. filmportal.de
FIS Bildung Literaturdatenbank
http://www.fachportal-paedagogik.de/start.html
Flickr
http://www.flickr.com/
FRANCIS (lizenzpflichtig)
http://www.inist.fr
Gale Directory of Database (lizenzpflichtig)
http://www.gale.cengage.com/pdf/facts/GDofDatabase.pdf
Gender Studies Database (lizenzpflichtig)
http://www.ebscohost.com/academic/gender-studies-database
GENESIS-Online
https://www-genesis.destatis.de/genesis/online/logon
Genios Presse
http://www.genios.de/page/presse
GeoHive
http://www.geohive.com/
Getty Images (lizenzpflichtig)
http://www.gettyimages.com/
Global Development Finance
http://data.worldbank.org/data-catalog/global-development-finance
Global Health Observatory Data Repository der WHO
http://apps.who.int/ghodata/
Google Blog Search
http://www.google.com/blogsearch
Google Books
http://books.google.de
Google Images
http://www.google.de/imghp
Google News
http://news.google.de/

Google News Archive
http://news.google.com/news/advanced_news_search?as_drrb=a
Google Scholar (Deutsch)
http://scholar.google.de/
Google Scholar (English)
http://scholar.google.com/
Google Web-Suche
https://www.google.com
GVK-PLUS des Gemeinsamen Bibliotheksverbundes (GBV) (lizenzpflichtig)
http://www.gbv.de/gsomenu/
Hathi Trust
http://www.hathitrust.org/
Hathi Trust WorldCat Local
http://hathitrust.worldcat.org/
HISTAT (Historische Statistik)
http://www.histat.gesis.org/
Historical Abstracts (lizenzpflichtig)
http://www.ebscohost.com/public/historical-abstracts
historicum.net – Geschichtswissenschaften im Internet
http://www.historicum.net/home/
H-Net – Humanities and Social Sciences Online
http://www.h-net.org/
Hyperpolitics
http://www.hyperpolitics.net/
IBR, s. Internationale Bibliographie der Rezensionen geistes- und sozialwissenschaftlicher
      Literatur (lizenzpflichtig)
IBSS, s. International Bibliography of the Social Sciences (lizenzpflichtig)
IBZ, s. Internationale Bibliographie der geistes- und sozialwissenschaftlichen Zeitschriftenliteratur
      (lizenzpflichtig)
IceRocket
http://www.icerocket.com/
ICPSR, s. Inter-University Consortium for Political and Social Research
IDEAS
http://ideas.repec.org/
IFDO, s. International Federation for Data Organizations
IJBF, s. Internationale Jahresbibliographie der Festschriften (lizenzpflichtig)
IJBK, s. Internationale Jahresbibliographie der Kongreßberichte (lizenzpflichtig)
ILMES – Internet-Lexikon der Methoden der empirischen Sozialforschung
http://www.lrz.de/~wlm/ilmes.htm
Index to Theses
http://www.theses.com/
Infomine
http://www.infomine.com/
Ingentaconnect
http://www.ingentaconnect.com/
Institut für Zeitungsforschung in Dortmund
http://www.zeitungsforschung.de
International Bibliography of the Social Sciences (IBSS) (lizenzpflichtig)
http://www.proquest.co.uk/en-UK/catalogs/databases/detail/ibss-set-c.shtml

International Federation for Data Organizations (IFDO)
http://www.ifdo.org/
International Political Science Abstracts (IPSA) (lizenzpflichtig)
http://iab.sagepub.com/
Internationale Bibliographie der geistes- und sozialwissenschaftlichen Zeitschriftenliteratur (IBZ)
    (lizenzpflichtig)
http://www.degruyter.com/view/db/ibz
Internationale Bibliographie der Rezensionen geistes- und sozialwissenschaftlicher Literatur (IBR)
    (lizenzpflichtig)
http://www.degruyter.com/view/db/ibr
Internationale Jahresbibliographie der Festschriften (IJBF) (lizenzpflichtig)
http://www.degruyter.com/view/db/ijbf?
Internationale Jahresbibliographie der Kongreßberichte (IJBK) (lizenzpflichtig)
http://www.degruyter.com/view/db/ijbk
Internet Archive
http://www.archive.org/
Inter-University Consortium for Political and Social Research (ICPSR)
http://www.icpsr.umich.edu/icpsrweb/ICPSR/
intute
http://www.intute.ac.uk/
IPSA, s. International Political Science Abstracts (lizenzpflichtig)
IQSS, s. Dataverse Network Project des Institute for Quantitative Social Science
IREON
http://www.ireon-portal.de/index.php
Jahresberichte für Deutsche Geschichte
http://jdgdb.bbaw.de/cgi-bin/jdg/cgi-bin/jdg
JCR, s. Journal Citation Report (lizenzpflichtig)
JISC – Adat (Academic Database Assessment Tool)
http://www.jisc-adat.com/adat/home.pl
JISC M@il
http://www.jiscmail.ac.uk/
Journal Citation Report (JCR) (lizenzpflichtig)
http://thomsonreuters.com/products_services/science/science_products/a-z/journal_citation_
    reports/
JSTOR (lizenzpflichtig)
http://www.jstor.org/
Juris – Das Rechtsportal (lizenzpflichtig)
http://www.juris.de/jportal/index.jsp
Karlsruher Virtuelle Katalog (KVK)
http://www.ubka.uni-karlsruhe.de/kvk.html
KVK, s. Karlsruher Virtuelle Katalog
LABORSTA Internet
http://laborsta.ilo.org/
LexisNexis Academic (lizenzpflichtig)
http://www.lexisnexis.com/hottopics/lnacademic/
LibraryThing
http://www.librarything.com/
libreka!
http://www.libreka.de/

Making of the Modern World: economics, politics and industry (lizenzpflichtig)
http://gdc.gale.com/products/the-making-of-the-modern-world-the-goldsmiths-kress-library-of-
economic-literature-1450-1850/
Mediathek der Bundeszentrale für politische Bildung
http://mediathek.bpb.de/
Mediathek des Deutschen Bundestages
http://www.bundestag.de/Mediathek/index.jsp
Mediatheken der Öffentlich-Rechtlichen Rundfunkanstalten
http://www.netzwerk-mediatheken.de/html/recherche/links.html#rundfunk
Mendeley
http://www.mendeley.com/
MetaCrawler
http://www.metacrawler.com
MetaGer
http://www.metager.de/
MFA, s. Mikrofilmarchiv der deutschsprachigen Presse
Microsoft Academic Search
http://academic.research.microsoft.com/
Mikrodaten-Informationssystem (MISSY)
http://www.gesis.org/missy
Mikrofilmarchiv der deutschsprachigen Presse (MFA)
http://www.mfa-dortmund.de/
MISSY, s. Mikrodaten-Informationssystem
Nationallizenzen – Finden
http://finden.nationallizenzen.de/
Nationallizenzen – Sammlungen – Monographien
http://gso.gbv.de/DB=1.50/LNG=DU/
Nationallizenzen – Sammlungen – Zeitschriften
http://gso.gbv.de/DB=1.55/LNG=DU/
Nationmaster
http://www.nationmaster.com/
NDLTD, s. Networked Digital Library of Theses and Dissertations
NetLibrary (lizenzpflichtig)
http://www.nationallizenzen.de/angebote/nlproduct.2006-03-20.4421392276
Networked Digital Library of Theses and Dissertations (NDLTD)
http://www.ndltd.org/
Netzwerk Mediatheken
http://www.netzwerk-mediatheken.de/
OAIster
http://www.oclc.org/oaister/
OAPEN, s. Open Access Publishing in European Networks
ODS, s. Official Document System
OECDiLibrary (lizenzpflichtig)
http://www.oecd-ilibrary.org/
Official Document System (ODS)
http://documents.un.org/
OLC, s. Online Contents (lizenzpflichtig)
Online Contents (OLC) – Sondersammelgebietsausschnitte (lizenzpflichtig)
http://www.gbv.de/benutzer/datenbanken/ssg

Online Dictionary of the Social Sciences
http://bitbucket.icaap.org/
Online Handbuch Demografie
http://www.berlin-institut.org/online-handbuchdemografie.html
Online-Lexikon der Bundeszentrale für politische Bildung
http://www.bpb.de/wissen/H75VXG.html
Open Access Publishing in European Networks (OAPEN)
http://www.oapen.org/home
Open Library
http://openlibrary.org/
ORLIS (lizenzpflichtig)
http://www.difu.de/informationsdienste#orlis
PAIS Archive (lizenzpflichtig)
http://www.csa.com/factsheets/paisarc-set-c.php
PAIS International (lizenzpflichtig)
http://www.csa.com/factsheets/pais-set-c.php
PAO, s. Periodicals Archive Online (lizenzpflichtig)
Paperball
http://www.paperball.de/
PaperC
http://paperc.de/
Peace Research Abstracts (lizenzpflichtig)
http://www.ebscohost.com/academic/peace-research-abstracts
Periodicals Archive Online (PAO) (lizenzpflichtig)
http://pao.chadwyck.co.uk/marketing.do
Periodicals Index Online (PIO) (lizenzpflichtig)
http://pio.chadwyck.co.uk/marketing.do
PIO, s. Periodicals Index Online (lizenzpflichtig)
PQDT, s. ProQuest Dissertations & Theses (lizenzpflichtig)
PQDT Open
http://pqdtopen.proquest.com/#
PreLex
http://ec.europa.eu/prelex/apcnet.cfm?CL=de
PressDisplay (lizenzpflichtig)
http://www.pressdisplay.com/pressdisplay/de/viewer.aspx
Project Gutenberg
http://www.gutenberg.org/
Project MUSE (lizenzpflichtig)
http://muse.jhu.edu/
ProQuest Dissertations & Theses (PQDT) (lizenzpflichtig)
http://www.proquest.com/en-US/catalogs/databases/detail/pqdt.shtml
ProQuest Historical Newspapers (lizenzpflichtig)
http://www.proquest.com/en-US/catalogs/databases/detail/pq-hist-news.shtml
PsycINFO (lizenzpflichtig)
http://www.apa.org/pubs/databases/psycinfo/index.aspx
PSYNDEX (lizenzpflichtig)
http://www.zpid.de/index.php?wahl=PSYNDEX
Public Administration Abstracts (lizenzpflichtig)
http://www.ebscohost.com/academic/public-administration-abstracts

Race Relations Abstracts (lizenzpflichtig)
http://www.ebscohost.com/academic/race-relations-abstracts
RAPID
http://europa.eu/rapid/
RefWorks (lizenzpflichtig)
http://www.refworks.com/
Regator
http://regator.com/
Regensburger Verbundklassifikation (RVK)
http://rvk.uni-regensburg.de/
RePEc
http://repec.org/
ResearchGate
http://www.researchgate.net/
Romso
http://romso.com/
RVK, s. Regensburger Verbundklassifikation
Scholarometer
http://scholarometer.indiana.edu/
ScienceBlogs
http://scienceblogs.com/
Scientific Commons
http://de.scientificcommons.org/
Scirus
http://www.scirus.com/
SciVerse ScienceDirect
http://www.sciencedirect.com/
Scopus (lizenzpflichtig)
http://www.scopus.com/home.url
Scribd
http://www.scribd.com/
SlideShare
http://www.slideshare.net/
Social Science Citation Index (SSCI) (lizenzpflichtig)
http://thomsonreuters.com/products_services/science/science_products/a-z/social_sciences_
    citation_index/
Social Science Dictionary
http://www.socialsciencedictionary.com/
Social Science Open Access Repository (SSOAR)
http://www.ssoar.info/
Social Science Research Network (SSRN)
http://www.ssrn.com/
Social Services Abstracts (lizenzpflichtig)
http://www.csa.com/factsheets/ssa-set-c.php
Social Theory (lizenzpflichtig)
http://alexanderstreet.com/products/social-theory
SocINDEX (lizenzpflichtig)
http://www.ebscohost.com/academic/socindex
Sociological Abstracts (lizenzpflichtig)
http://www.csa.com/factsheets/socioabs-set-c.php

SocioSite
http://www.sociosite.net/
SOFIS (Sozialwissenschaftliche Forschungsinformation)
http://www.gesis.org/unser-angebot/recherchieren/sofis/
SOLIS (Sozialwissenschaftliche Literatur)
http://www.gesis.org/unser-angebot/recherchieren/solis/
sowiport
http://www.gesis.org/sowiport
SozBlog
http://soziologie.de/blog/
SpringerLink
http://www.springerlink.com
SSOAR, s. Social Science Open Access Repository
SSRN, s. Social Science Research Network
Stat@tlas Europa
http://www.bfs.admin.ch/bfs/portal/en/index/international/02/statatlas_europa.html
statista
http://de.statista.com/
Statistic Database der WTO
http://stat.wto.org/Home/WSDBHome.aspx?Language=
subito
http://www.subito-doc.de/
Technorati
http://technorati.com/
Trendiction
http://www.trendiction.com/de
ullsteinbild
https://www.ullsteinbild.de
UNBISnet
http://unbisnet.un.org/
UN Comtrade
http://comtrade.un.org/
UNdata
http://data.un.org/
UN Depository Libraries
http://www.un.org/depts/dhl/deplib/
Universal Database of Social Sciences & Humanities (lizenzpflichtig)
http://www.nationallizenzen.de/angebote/nlproduct.2009-02-27.1377984066
urbadoc (mit Teil-Datenbanken) (lizenzpflichtig)
http://www.urbadoc.com/
Urban Studies Abstracts (lizenzpflichtig)
http://www.ebscohost.com/academic/urban-studies-abstracts
Verbundkatalog Film
http://www. digibib.kobv.de/vkfilm
ViFaPol
http://www.vifapol.de/
Violence & Abuse Abstracts (lizenzpflichtig)
http://www.ebscohost.com/academic/violence-abuse-abstracts
Virtuelle Fachbibliothek medien buehne film
http://www.medien-buehne-film.de/

Virtuelle Fachbibliothek Psychologie
http://fips.sulb.uni-saarland.de/port.htm
Virtuelle Fachbibliothek Recht
http://vifarecht.de/
WAO, s. World Affairs Online (lizenzpflichtig)
Webis – Sammelschwerpunkte an deutschen Bibliotheken
http://webis.sub.uni-hamburg.de/webis/index.php/
    Webis_-_Sammelschwerpunkte_an_deutschen_Bibliotheken
Web of Science (lizenzpflichtig)
http://wokinfo.com/products_tools/multidisciplinary/webofscience/
Westlaw International (lizenzpflichtig)
http://www.westlawinternational.com/
Wikibooks
http://www.wikibooks.org/
WikimediaCommons
http://commons.wikimedia.org/wiki/Main_Page
Wikipedia
http://www.wikipedia.org/
Wikisource
http://wikisource.org/wiki/Main_Page
Wikiversity
http://wikiversity.org/
Wiley Online Library
http://onlinelibrary.wiley.com/
WISO (lizenzpflichtig)
http://www.wiso-net.de
World Affairs Online (WAO) (lizenzpflichtig)
http://gso.gbv.de/DB=1.46/LNG=EN/
WorldCat
http://www.worldcat.org/
World dataBank der Weltbank
http://databank.worldbank.org/ddp/home.do
World Lecture Project
http://www.world-lecture-project.org/
WorldNews
http://edition.cnn.com/WORLD/index.html
Worldwide Political Science Abstracts (WPSA) (lizenzpflichtig)
http://www.proquest.com/en-US/catalogs/databases/detail/polsci-set-c.shtml
WPSA, s. Worldwide Political Science Abstracts (lizenzpflichtig)
Yahoo
http://de.yahoo.com/?p=us
Yovisto
http://www.yovisto.com/
ZACAT
http://zacat.gesis.org/webview/
ZACK Gateway
http://opus.tu-bs.de/zack/index.en.html
ZDB, s. Zeitschriftendatenbank
ZEFYS, s. Zeitungsinformationssystem

Zeitschriftendatenbank (ZDB)
http://dispatch.opac.ddb.de/
Zeitungsinformationssystem (ZEFYS)
http://zefys.staatsbibliothek-berlin.de/
Zentrales Verzeichnis Digitalisierter Drucke (zvdd)
http://www.zvdd.de/
Zotero
http://www.zotero.org/
zvdd, s. Zentrales Verzeichnis Digitalisierter Drucke

Weiterführende Literatur

Ebster, Claus; Stalzer, Lieselotte (2008): Wissenschaftliches Arbeiten für Wirtschafts- und Sozialwissenschaftler. 3., überarb. Aufl. Wien: facultas.wuv.

Franck, Norbert; Stary, Joachim (Hrsg.) (2011): Die Technik des wissenschaftlichen Arbeitens. Eine praktische Anleitung. 16., überarb. Aufl. Paderborn: Schöningh.

Franke, Fabian; Klein, Annette; Schüller-Zwierlein, André (2010): Schlüsselkompetenzen: Literatur recherchieren in Bibliotheken und Internet. Stuttgart: Metzler.

Niedermair, Klaus (2010): Recherchieren und Dokumentieren. Der richtige Umgang mit Literatur im Studium. Konstanz: UVK.

Plümper, Thomas (2012): Effizient schreiben. Leitfaden zum Verfassen von Qualifizierungsarbeiten und wissenschaftlichen Texten. 3., überarb. Aufl. München: Oldenbourg.

Stickel-Wolf, Christine; Wolf, Joachim (2011): Wissenschaftliches Arbeiten und Lerntechniken. Erfolgreich studieren – gewusst wie! 6., akt. und erw. Aufl. Wiesbaden: Gabler.

Sachregister

Abbildungsnachweise

Abbildung 4 (eigene Darstellung).

Die Abbildung 19 „Sucharten in Zitationsdatenbanken" ist entnommen: Gantert, Klaus (2009):
Elektronische Informationsressourcen für Germanisten, S. 97.

Die übrigen Abbildungen stammen – sofern nicht anders angegeben – aus dem Angebot der
jeweiligen Informationsressourcen.

ERFOLGREICH RECHERCHIEREN

Herausgegeben von Klaus Gantert

Jochen Haug
Erfolgreich recherchieren – Anglistik und Amerikanistik

Jens Hofmann
Erfolgreich recherchieren – Erziehungswissenschaften

Klaus Gantert
Erfolgreich recherchieren – Germanistik

Doina Oehlmann
Erfolgreich recherchieren – Geschichte

Ivo Vogel
Erfolgreich recherchieren – Jura

Angela Karasch
Erfolgreich recherchieren – Kunstgeschichte

Heinz-Jürgen Bove
Erfolgreich recherchieren – Politik- und Sozialwissenschaften

Ulrike Hollender
Erfolgreich recherchieren – Romanistik

Weitere Bände befinden sich in Planung.

DE GRUYTER
SAUR